MUC

Manual do Universitário Cristão

Publicações
Pão Diário

Recomendações

Numa época em que o contexto universitário se mostra hostil à fé cristã, falar sobre a temática e preparar os cristãos para este ambiente é algo essencial. Por essa razão, o *Manual do Universitário Cristão* é uma obra altamente relevante para os nossos dias, pois além de oferecer uma visão abrangente sobre a relação entre a fé bíblica e a universidade, apresenta aspectos práticos que devem ser observados pelo estudante cristão. Resultado da experiência do autor dentro da universidade, esta obra ajudará o leitor a encarar, com discernimento e graça divina, o difícil contexto acadêmico. —VALMIR NASCIMENTO MILOMEM SANTOS, teólogo, jurista e autor do livro *O Cristão e a Universidade*, CPAD.

É chegado o tempo em que a juventude de todas as partes do mundo entenda que o mundo precisa de profissionais com temor a Deus, os quais utilizem o espaço público como seu púlpito e seus diplomas como passaporte para dignificar o nome do Criador. Nossa juventude precisa entender que fé e trabalho formam uma ligação poderosa que Deus deixou como ferramenta para a expansão do Seu reino. Esta obra, sem exagero algum, é um mapa para que os leitores sejam despertados a glorificar o nome do Criador nas universidades e em todo o espaço público. Através de uma linguagem leve e interativa, um dileto membro de nossa instituição e honroso amigo, trouxe

conceitos complexos de filosofia, teologia e direito com leveza ao público leitor. Sem dúvidas, este livro será uma ferramenta nas mãos da juventude brasileira.
—DR. UZIEL SANTANA, Presidente da Associação Nacional de Juristas Evangélicos — ANAJURE.

O *Manual do Universitário Cristão* nos mostra que um dos maiores desafios do cristianismo não é manter os seus jovens nas igrejas, mas prepará-los para viverem o cristianismo de tal forma, que as universidades percebam que nunca deveriam ter abandonado o motivo histórico para o qual foram criadas. E, ao mesmo tempo, relembrar e encorajar os estudantes cristãos a enraizarem e embasarem melhor a sua fé em Jesus, mesmo em meio às dificuldades no meio acadêmico. —PR. LUCAS ZUB DUTRA, Pastor de Jovens na Primeira Igreja Batista de Curitiba e um dos líderes do movimento de unidade da SDABrasil (Semana de Avivamento).

Gabriel Dayan

MUC

Manual do Universitário Cristão

MANUAL DO UNIVERSITÁRIO CRISTÃO
Por Gabriel Dayan
© Publicações Pão Diário, 2020

Coordenação Editorial: Dayse Fontoura
Revisão: Dalila de Assis, Dayse Fontoura, Lozane Winter, Thaís Soler, Jéssica Pavanelo
Projeto gráfico e capa: Audrey Novac Ribeiro
Diagramação: Denise Duck

Dados Internacionais de Catalogação na Publicação (CIP)

Dayan, G. *Manual do Universitário Cristão*
Curitiba/PR, Publicações Pão Diário, 2020.

1.Universidade   2.Vida cristã   3.Apologética   4.Política

Proibida a reprodução total ou parcial, sem prévia autorização, por escrito, da editora. Todos os direitos reservados e protegidos pela Lei 9.610, de 19/02/1998.
Pedidos de permissão para reprodução: permissao@paodiario.org

Exceto quando indicado o contrário, os trechos bíblicos mencionados são da edição Nova Versão Transformadora © 2016 Editora Mundo Cristão.

Publicações Pão Diário
Caixa Postal 4190,
82501-970 Curitiba/PR, Brasil
publicacoes@paodiario.org
www.paodiario.com.br
Telefone: (41) 3257-4028

Código: ZW818
ISBN: 978-65-86078-06-0

Impresso no Brasil

1.ª edição: 2020

SUMÁRIO

Agradecimentos 11
Apresentação 13
Prefácio 15
Introdução 17
Uma interpretação reduzida 21
Missão especializada 27
(Cosmo)visão transformada 35
Perseguição expandida 49
Orgulho a ser confrontado 59
Por que o nome universidade? 63
O espírito do anticristo 67
O corpo discente 75
O problema da intimidade 79
Estágio profissional 85
O corpo docente 87
Diretórios acadêmicos 91
  1. Criando uma chapa 92
  2. Assembleias estudantis 94
  3. Recepção de calouros 96
Associações esportivas (atléticas) 97
Tese de conclusão de curso
(Pesquisa e Extensão) 99
  1. Banca 106

Grupos cristãos universitários 109
  1. Pastoral Acadêmica 112
  2. Reuniões no Campus 115
O último dia de aula 121
A (comissão de) formatura 125
A redenção da universidade 129
Oração 137
Guia de estudos 139

Aos Acadêmicos

AGRADECIMENTOS

Agradeço a Jesus, meu melhor amigo, que é fonte inesgotável de toda sabedoria e conhecimento. À Igreja, que tem sido adornada ao longo da história e cujo destino é glorioso. Ao meu pai e minha mãe, Péricles e Eliane Matos, por saberem lidar comigo, sendo um suporte em minha vida. Aos meus avós, Gilberto e Maria Stevão como também Hugo e Edi, pelo privilégio de crescer ouvindo as histórias das grandes realizações de nossos antepassados. Aos meus tios, que me influenciaram a ser alguém que pode atingir lugares altos.

Aos pastores Marciano e Adriana Ortêncio, Farley e Daniele Labatut, André Hummel, Marcos Belém e Felipe Braga da Comunidade Alcance de Curitiba, por me afiarem e tornarem-me mais consciente das responsabilidades do ministério. Ao Pastor Michel Piragine e Lucas Zub, da Primeira Igreja Batista de Curitiba, pelo apoio e por acreditar na urgência da missão universitária. Ao pastor Guilherme de Carvalho e Igor Miguel, da Igreja Esperança de Belo Horizonte, por, juntamente com o pastor Pedro Dulci, da Igreja Presbiteriana Bereia de Goiânia, e Jonas Madureira, da Igreja Batista da Palavra, me oferecerem um Abrigo (L´Abri) nos dias intelectualmente cinzentos. Ao pastor Thiago Ferro, da Sara Nossa Terra de Curitiba, por tornar muitos dos meus projetos em realidade.

À Aliança Bíblica Universitária do Brasil (ABUB), minha escola de missões Universitárias. Luiz Adriano Borges, Tamara Bark, Sarah Firmo, Vagner Hensen, Priscila Silva, Julio Schvambach e Brunno Picote.

Agradeço à Associação Nacional dos Juristas Evangélicos (ANAJURE), Dr. Uziel Santana, Dr. Felipe Augusto, Dr. Valmir Nascimento, Dra. Edna Zilli, Dr. Acyr de Gerone, Dra. Carolina Menezes, Dra. Brunna Picote, José Bruno (Zéh), Lucas Vianna e Matheus Carvalho que são cristãos técnicos e empenhados a fazer o Reino de Deus uma luz para todos os povos.

Também à Associação Brasileira de Cristãos na Ciência (ABC2) de Curitiba, Bruno Porreca, Diego Mello, Oscar Pelissari, Daniel Soboll, Nicksson Baracy, Paulo Marins que hoje são um referencial de fé cristã no diálogo com a ciência.

À Unicuritiba, instituição que me formei, na figura dos professores Mauro Seraphim, Bortollo Vale e Roosevelt Arraes, pelos ensinos e amizade que guardo em meu coração.

Aos amigos Guilherme Oliveira, Luiz Gustavo Czaika, Jean Steffano, Matheus Tomio, Rafael Barbosa, Fabiano Ribeiro, Michel Passold, Letícia Stier, Tiago Adson, Daniel Zannin, Henrique Ortiz, Mariana Reis, Rodrigo Lima, Jhonny Reichelt, Gustavo Arnoni, Rodrigo Assis, Felipe Bento, que têm um lugar de gratidão no meu coração.

APRESENTAÇÃO

Você já pensou na Universidade como um campo missionário? Todos os dias, milhares de pessoas se reúnem em suas dependências para adquirir e produzir conhecimento, e muitos deles estão completamente alheios a Deus ou o rejeitam conscientemente. Uma das perguntas que este *Manual do Universitário Cristão* se propõe a responder é: Como viver o evangelho neste ambiente de forma que impacte positivamente aqueles que o rodeiam quando o medo da rejeição se instala?

Para um jovem que anseia se manter alicerçado no centro da vontade de Deus, a Universidade é o campo de batalha mais intenso para a mente e a alma atravessarem. Ali pessoas de diferentes classes sociais, crenças e culturas se reúnem, e ideologias divergentes colidem. É um ambiente envolvente e sedutor para a livre expressão de pensamentos, convicções e comportamentos que podem cativar e moldar a mente e o coração não blindados e resolutos nos valores pelos quais valem a pena viver: os valores celestiais.

Mas como travar essa batalha por 4, 5, 7 ou 8 anos e vencer a guerra sem oscilar na fé e ainda influenciar pessoas? Como ser aquele que a Palavra chama de "Bem-aventurado [...] cuja força está [no Senhor], e em cujo coração se encontram os caminhos aplanados" (SALMO 84:5 ARA), sendo bombardeado e pressionado por todos os lados? Como honrar o sacrifício suficiente de Cristo para que hoje você pudesse ter vida plena, em um lugar onde tentam calar e humilhar Seus servos e a mensagem da cruz, que deve ser proclamada em tempo e fora de tempo?

Gabriel Dayan foi líder da ABUB (Aliança Bíblica Universitária do Brasil) enquanto estudava Direito em uma conceituada faculdade em Curitiba. A partir de sua própria experiência, demonstra que todo jovem cristão pode ser um embaixador de Cristo na Universidade: no estágio, nos diretórios acadêmicos, nas associações esportivas, fundando ou participando de grupos cristãos universitários ou até mesmo através do seu Trabalho de Conclusão de Curso. E dá dicas importantes e bem práticas sobre as oportunidades que Deus concede a todo aquele que se dispuser a ser, em tempo e fora de tempo, o porta-voz dAquele que o chamou das trevas para a Sua maravilhosa luz também neste ambiente.

Publicações Pão Diário deseja que este Manual seja um recurso precioso para todo cristão que anseia ser um agente influenciador/embaixador de Cristo nas dependências e eventos da sua Universidade, buscando o entendimento e a expressão livre, mas respeitosa ao antagônico, e uma ciência que não se feche nos paradigmas idolatrados pela academia. Oramos para que cada palavra destas páginas o auxilie a ser usado por Deus para uma grande redenção universitária em sua geração, a qual torne o Mestre Jesus a essência da sua Universidade. E para que mais acadêmicos sejam formados segundo o propósito de Deus para esta vida e para eternidade.

Dos Editores

PREFÁCIO

Não é de hoje que recomendo livros cristãos a postulantes, calouros e estudantes universitários, mas este livro é diferente e especial. Se fôssemos compará-lo a uma experiência gastronômica, seria a *entrada*. E é mesmo uma ótima entrada!

Em seu *Manual*, Gabriel Dayan nos serviu uma síntese bem arrumada de reflexão sobre a mente cristã e vivência pessoal — o tom é bastante autobiográfico e testemunhal. Mas ele teve o cuidado de ancorar seus relatos pessoais e experiências de caminhada cristã em princípios, fazendo as referências corretas à Palavra de Deus e às ideias de clássicos cristãos.

Eu disse "mente Cristã", mas a verdade é que o *Manual* apresenta mais do que isso; o que temos é uma combinação muito interessante de *logos*, *pathos* e *ethos*. Explico:

É claro que na base de um testemunho cristão à universidade está o significado das coisas, as razões, os propósitos e as categorias, ou seja, o *logos*. Como Francis Schaeffer dizia, existe uma única razão para ser cristão, e essa razão é que o cristianismo é a verdade sobre o universo. E isso muda tudo — muda o que pensar sobre a Natureza, a Ciência, a vida humana e as humanidades, teorias filosóficas e projetos políticos —, instaurando o dever de pensar o mundo como Jesus pensaria se fosse um universitário, imitando-o com a mente, e construindo uma comunidade de pensamento sobre o mundo e a vida com os cristãos pensantes ao longo de toda a história.

O *Manual* nos recomenda isso claramente, problematizando interpretações reducionistas do mundo e afirmando a tarefa de operar a partir de uma cosmovisão cristã. E ganha um ponto extra recomendando C. S. Lewis e Herman Dooyeweerd ao iniciante da jornada.

Mas há muito do *pathos* cristão, do sentimento do mundo, da estética das coisas, das paixões e expectativas. Dayan levanta a questão da piedade, das práticas devocionais, das tentações, tanto políticas quanto afetivas, do orgulho e até do amor pela leitura. O livro, inclusive, termina com uma oração.

Finalmente, o assunto é prático e *ético*. Vida moral, responsabilidades intelectuais, o desafio da missão cristã e os caminhos para construir bons relacionamentos e um bom testemunho, e até temas muitíssimo práticos como o funcionamento de um DA e a responsabilidade do cristão, as festas que valem ou não a pena, a função do estágio, comissões de formatura, e como encarar a perseguição no ambiente universitário!

Ao fim do livro, o autor expressa de forma límpida a visão, como encontrada na tradição neocalvinista, de que a missão cristã envolve sinalizar o reino, desde já, através da "redenção da universidade", assim manifestando a *Shalom* divina.

Desconheço outro livro com tal combinação de acessibilidade, praticidade e boas ideias com essa temática no mercado hoje. Mesmo que o líder eclesiástico ou universitário tenha divergências aqui e ali, a substância e forma do livro é de utilidade inegável. O *Manual do Universitário Cristão* já é uma das minhas recomendações para qualquer jovem ingressando na universidade, e sugiro que seja lido e debatido em grupos de jovens de nossas igrejas e adotado como ferramenta propedêutica. Boa leitura!

Guilherme de Carvalho
Diretor de L'Abri Fellowship Brasil

INTRODUÇÃO

Em um dia de aula, durante o intervalo, conheci o pastor Lucas Pereira, um colega do curso de Direito que foi missionário na África muçulmana. Durante nossa conversa, ele testemunhou sobre algumas conversões e como o poder de Deus agia em meio àquele povo hostil ao evangelho. Em certo momento, ficou pensativo olhando para o saguão cheio de estudantes. Ele parou, suspirou e me disse: "Os muçulmanos são muito mais abertos ao evangelho do que o povo da faculdade. É mais fácil pregar lá do que aqui". Fiquei imaginando as tentativas frustradas de evangelismo na faculdade, em contraste com sua experiência no campo missionário transcultural.

Cresci ouvindo várias histórias sobre missões e missionários. Amei livros como *Heróis da Fé* (Ed. CPAD, 1999), de Orlando Boyer, além de biografias de grandes reformadores da Igreja Cristã, pois passava muito tempo na biblioteca do meu avô Gilberto Stevão, já que meus pais trabalhavam o dia todo. A *Alfabetização pela Bíblia*, método criado por meu avô que foi pastor e professor durante toda a sua vida, me ajudou a ter contato com vários missionários e pastores.

Ainda criança, eu já pensava na triste realidade da sociedade que era afetada pela criminalidade, pobreza e, sendo filho de policial e vendo-o sempre em alerta, atento aos barulhos e movimentações da rua, fui influenciado a procurar entender esses problemas, mas sentia-me cada vez mais deslocado e indignado. Acreditava, de forma equivocada, que a igreja nos direcionava apenas para "ir às nações", parecendo que assuntos de interesse local — ao meu ver, urgentes — não tinham espaço na igreja, ou eram irrelevantes para ela. Graças a Deus, permaneci minha infância e adolescência na igreja e dediquei maior parte do tempo orando, lendo bastante e tocando minha guitarra. Mesmo assim, no fim da adolescência, pela forte carga de ensinos anticristãos que tive no Ensino Médio e no Cursinho, tive dificuldades para crer em Jesus. A verdade é que eu gostava muito dos debates com os professores e também de argumentar com não cristãos (eu sempre fui muito questionador, o que levou meus pais a me incentivarem a cursar Direito), mas nem sempre meus argumentos eram convincentes e firmes. Com o tempo cheguei a crer que ser evangélico era como uma espécie de fuga sentimental, do que algo realmente verdadeiro. Não demorou para que as tentações atingissem dimensões que eu ainda não havia enfrentado.

Foi nessa época que chegou às minhas mãos um livro intitulado *Cristianismo Puro e Simples* (Ed. Martins Fontes, 2005), de C. S. Lewis, e um fogo que eu não sei explicar se apoderou de mim e até hoje me consome. Durante toda a leitura, eu pensava: *Como não pensei nisso antes?*, ou, *Isso é bem mais racional do que a proposta ateísta*. Lewis me deu algumas das melhores respostas que o cristianismo poderia me dar, e passei a entender que Jesus vai muito além da razão. Percebi que o evangelho atinge o mais profundo do nosso coração — a habitação de Deus — e que tem como alvo toda a nossa existência. A consolação que recebi do Espírito Santo não tirou todas as minhas dúvidas instantaneamente, mas me impulsionou rumo a descobertas extraordinárias sobre Deus e a vida. Desde aquela época, passei a sistematizar minhas dúvidas sobre questões teológicas, filosóficas, políticas, econômicas, sociais, culturais e a buscar respostas para cada uma delas, encontrando a alegria no Deus que tem prazer em respondê-las. Naquele ano, li a Bíblia inteira e mais 34 livros[1] e, seguindo o exemplo de Lewis e de muitos outros, resolvi viver o evangelho intensamente. Essas experiências me fizeram escrever este livro, pois tenho a pretensão de resgatar, além do temor e o arrependimento, o amor a Deus e ao próximo, incentivando os irmãos a permanecerem fiéis até o fim. Espero denunciar o coração daqueles que se perdem no caminho, pois assisti com tristeza vários amigos cristãos que perderam sua fé em Deus, adotando ideologias destrutivas ou caindo no engano do pecado. Busquei entender esse padrão, pois não aceitava ver tantas vidas com maravilhosos projetos e dons nutrindo grande ódio por Jesus Cristo e Sua Igreja. Com isso exponho as forças naturais e sobrenaturais que atuam no contexto acadêmico no anseio de ajudar meus irmãos universitários por meio dessas percepções e experiências. Direciono o livro a todos os jovens cristãos em período pré-universitário, especialmente de igrejas que têm a tendência de dizer que a "letra mata, mas o espírito vivifica".[2]

---

1. O Skoob (http://www.skoob.com.br) é uma rede social de leitores onde é possível deixar sua biblioteca à mostra e ver a de seus amigos, com possibilidades de resenhas e muitas outras opções. Toda vez que eu marcava um livro como lido, acontecia uma publicação automática em meu Facebook, e me pediam para comentar sobre o livro. As resenhas se tornaram um costume, e vi que ajudavam muito para absorver o conteúdo. Pouco tempo depois, criei uma página com resenhas escritas e em vídeo. Assim nasceu o Apológika (https://pt-br.facebook.com/Apologika/).

2. "Ele nos capacitou para sermos ministros de uma nova aliança, não da letra, mas do Espírito; pois a letra mata, mas o Espírito vivifica" (2 Coríntios 3:6 ACF). A letra que Paulo se refere é a letra da lei de Moisés em contraste com a Nova Aliança de Jesus. É errado dizer que esse texto se refere ao conhecimento geral (epistemologia), pois a Bíblia nos incentiva o conhecimento acerca de Deus e de Sua criação.

Apesar de não ser um livro técnico nem um artigo científico, apresento conteúdos mais densos e com várias notas de rodapé explicativas, na expectativa que este manual seja lido facilmente. Como é abundante a influência de ideologias no meio universitário, tentei ser o menos polêmico possível e repeti alguns assuntos com o intuito de enfatizar como o pecado pode se manifestar de várias formas e em diferentes contextos.

Também apresento uma breve introdução à cosmovisão; ao chamado/vocação;[3] às pressões de dentro e fora da igreja, analisadas mediante uma visão bíblica; além de mencionar rapidamente a História da universidade e a importância crucial do cristianismo no desenvolvimento da Ciência. De forma prática, retrato o funcionamento da estrutura universitária, com dicas de como usar os recursos da universidade de forma eficiente para amplificar a influência do evangelho. Ao final, recomendo um roteiro de leitura para auxiliar o leitor a lidar com assuntos específicos.

Achei conveniente não deixar este manual muito longo, por isso não pretendo esgotar os assuntos aqui abordados, mas indicar onde encontrar respostas. Se Deus nos permitir, retomaremos a universidade para a Sua glória, lembrando-nos do nosso compromisso para com tudo que é dele, na esperança de adiantar o Seu retorno.

---

3. Neste livro usarei chamado e vocação como sinônimos.

UMA INTERPRETAÇÃO REDUZIDA

Porque Deus amou tanto o mundo que deu
seu Filho único, para que todo o que nele crer não pereça,
mas tenha a vida eterna. Deus enviou seu Filho
ao mundo não para condenar o mundo,
mas para salvá-lo por meio dele. —JOÃO 3:16,17

Os versículos de João 3:16,17 são fundamentais para qualquer cristão, visto serem praticamente um resumo da Bíblia, mas será que já paramos para pensar no significado da palavra "mundo" e sua interpretação? O significado da palavra "mundo" geralmente está associado ao pecado, ao incrédulo ou ao desviado dos caminhos do Senhor, pois "o mundo inteiro jaz no maligno". Porém com um olhar mais atento, notamos que no original grego, *koinê*,[4] a palavra mundo não tem apenas essa característica, pois ela é a tradução do grego

---

4. Popular, Comum.

κοσμος (*kosmos*), e o Dicionário Bíblico do Dr. James Strong nos esclarece o seguinte:

2889 κοσμος kosmos 1) uma organização ou constituição apta e harmoniosa, ordem, governo; 2) ornamento, decoração, adorno, i.e., o arranjo das estrelas, "as hostes celestiais" como o ornamento dos céus. 1Pe 3:3; 3) mundo, Universo; 4) o círculo da Terra, a Terra; 5) os habitantes da Terra, homens, a família humana; 6) a multidão incrédula; a massa inteira de homens alienados de Deus, e por isso hostil à causa de Cristo; 7) afazeres mundanos, conjunto das coisas terrenas; 7a) totalidade dos bens terrestres, dotes, riquezas, vantagens, prazeres etc., que, apesar de vazios, frágeis e passageiros, provocam desejos, desencaminham de Deus e são obstáculos para a causa de Cristo; 8) qualquer conjunto ou coleção geral de particulares de qualquer tipo; 8a) os gentios em contraste com os judeus (RM 11:12 ETC.); 8b) dos crentes unicamente, Jo 1:29; 3:16; 3:17; 6:33; 12:47; 1Co 4:9; 2Co 5:19.[5]

É difícil saber com precisão quando as interpretações 6, 7a, 8a e 8b se tornaram predominantes, mas foi provavelmente por causa dos textos bíblicos de 1 João 2:15-17[6] e outros que tornam a palavra "mundo" um paralelo entre aquilo que é ou não é de Deus. Não se pode negar que elas foram usadas em

---

5. STRONG, J. *Dicionário bíblico strong*. Betânia, 2002. p.1546.

6. "Não amem este mundo, nem as coisas que ele oferece, pois, quando amam o mundo, o amor do Pai não está em vocês. Porque o mundo oferece apenas o desejo intenso por prazer físico, o desejo intenso por tudo que vemos e o orgulho de nossas realizações e bens. Isso não provém do Pai, mas do mundo. E este mundo passa, e com ele tudo que as pessoas tanto desejam. Mas quem faz o que agrada a Deus vive para sempre."

um sentido de salvação individual no contexto de João 3:16, porém, para os gregos que viviam na época dos Apóstolos, e outros textos bíblicos, *kosmos* significava **Universo**. A abrangência do significado dessa palavra traz grandes reflexos na nossa vida; por exemplo, o plano de Deus teria o foco apenas nas pessoas perdidas, ou será que Deus amou todo o Universo em cada um de seus aspectos? O plano de Deus é específico para a salvação da alma daqueles que se encontram no mundo ou o amor de Deus se estende para tudo o que Ele criou? Para o Dr. James Strong, o significado de *kosmos* é o todo da criação!

A interpretação que restringiu o significado de mundo apenas aos perdidos que precisam de salvação causou alguns problemas. Por exemplo, dons e talentos só deveriam ser usados no contexto da igreja. Se o cristão não tivesse talentos para tocar algum instrumento, cantar ou pregar, dificilmente encontraria espaço dentro da igreja. Isso faz muitos dons e talentos que não abençoam diretamente a vida da igreja serem vistos com desconfiança e, em certos casos, até mesmo como pecado.

Esse é o caso, por exemplo, do *Cosmologista*, o cientista que estuda o Universo. Ele busca descobrir de forma científica as leis físicas que regem o Universo, observa as estrelas e as galáxias em busca de respostas. Só que algumas dessas descobertas científicas parecem à primeira vista, afrontar o evangelho. Temos então, de um lado um profissional com vocação para pesquisa cosmológica, o qual a desenvolve com toda a paixão, superando vários obstáculos como a falta de dinheiro, de tempo ou de bons equipamentos; e por outro lado temos algumas pessoas que enxergam essa ciência como uma ameaça, ou meros "afazeres mundanos", e assim desqualificam essa vocação. Aqui temos um grande dilema! O cientista que se converte ou o cristão que se torna cientista e teme ao Senhor muitas vezes será confrontado a tomar uma decisão: ou ele deixa a profissão de cientista, por estudar algo considerado tabu pela Igreja, vivendo frustrado por não poder concretizar a sua vocação, ou então abandona a igreja para se dedicar com todo o coração ao seu estudo. Essa última decisão infelizmente, quer seja por falta de apoio, entendimento e direcionamento, é a mais comum nas universidades.

Creio que nós cristãos temos uma grande parcela de culpa por tantas pessoas desacreditarem do evangelho! Acredito que um dos principais motivos é interpretação reduzida do que significa Cosmos. Se compreendermos essa palavra na sua forma abrangente, seremos levados a descobrir a vontade de Deus em cada parte desse belo Universo criado por Ele, vislumbrando a universidade[7] do nosso chamado. O nosso chamado nos coloca no centro da vontade de Deus, nos dando prazer em fazer o serviço para o qual fomos criados. É encontrar nosso propósito de vida. É a força que Deus usa para permanecermos firmes diante da oposição do império das trevas ou das tentações carnais. É o combustível que está em nosso coração e que arde com a ação do fogo do Espírito Santo. Obedecendo a Deus por meio do nosso chamado, unimos o combustível ao fogo. É dentro dele que veremos não só almas se rendendo ao senhorio de Cristo, mas também o poder e a paz do Espírito Santo se manifestando em *todos* os lugares.

Nós estamos passando por um período de despertamento em que a igreja percebeu que questões naturais influenciam nossa vida espiritual, e que questões espirituais trazem

---

7. Universidade: Qualidade daquilo que é universal.

resultados naturais. Os ídolos intelectuais e políticos de nossa geração são insuficientes para responder às demandas da sociedade. Enquanto uns se radicalizam, outros procuram por aprofundamento. As gerações mais recentes estão preocupadas com o que acontece do lado de fora dos muros da igreja. Isso é maravilhoso, pois, se temos o Céu como objetivo, devemos ter a Terra como um sério compromisso. Se tivermos uma interpretação mais abrangente sobre o significado de *kosmos*, faremos as pazes com nossa vocação e com nosso propósito específico para o Reino de Deus. A boa notícia é que no Reino de Deus há espaço para todos. O caos, o pecado e o império das trevas têm vencido algumas batalhas, mas Deus nos chama com a promessa de marcar nosso nome para sempre na história dele e conhecê-lo à medida que Ele nos conhece.[8] Quando focamos em Deus, em quem Ele é e no que podemos fazer através de nossos talentos e dons, que nos foram dados por Deus, descobrimos uma poderosa fé, mas que estava aprisionada. Permitir que sua vida e talentos sejam usados para a glória de Deus é manifestar a grandeza do Senhor e se aventurar numa vida alicerçada na verdade e com poder imensurável.

---

8. "Agora vemos de modo imperfeito, como um reflexo no espelho, mas então veremos tudo face a face. Tudo que sei agora é parcial e incompleto, mas conhecerei tudo plenamente, assim como Deus já me conhece plenamente" (1 Coríntios 13:12).

MISSÃO ESPECIALIZADA

Todo cristão aqui ou é um missionário ou um impostor.
—CHARLES H. SPURGEON

Nesses tempos de relativismo e grande hostilidade ao evangelho, temos a sensação de que o conhecimento parece ser o oposto da verdade bíblica. É perceptível a inversão dos valores morais, científicos e sociais que entram em choque com o cristianismo. Ao entrar na universidade, acreditamos que os professores dizem apenas verdades científicas sobre os assuntos que lecionam, somos ensinados a questionar as verdades bíblicas e não ficamos mais surpresos quando elas já não fazem mais sentido. É por isso que temos que pensar de forma bíblica. Não podemos deixar nossas crenças de lado em sala de aula. Se começarmos a nos identificar com ideias divergentes da Palavra, esse é um sintoma de que precisamos parar e rever nossos conceitos. É no início da universidade que nossa forma de raciocinar começa a ser afetada pelo acúmulo de críticas à religião, e, somadas às liberdades da maioridade, somos sutilmente direcionados a uma rota de destruição.

Entramos na universidade muito jovens e totalmente despreparados para o que vamos enfrentar, mas como poderemos nos preparar para esse campo missionário? Desenvolvendo nossa vocação, dons e talentos! É semelhante ao empenho de um músico ao seu instrumento ou à sua voz. Como é maravilhoso o resultado desse preparo! Se um missionário estrangeiro precisa se esforçar para aprender a comunicar o evangelho em um novo idioma, então por que nós não nos esforçamos para fazer o mesmo na universidade?

Creio que as orientações de alguns homens de Deus do passado podem servir como direcionamento para o nosso ministério, qualquer que seja o lugar onde Deus tenha nos colocado. John Wesley compôs uma impressionante lista de como ministros do evangelho devem buscar a excelência. Confira abaixo:

1) Como alguém que se esforça para explicar as Escrituras a outras pessoas, tenho o conhecimento necessário para que ela possa ser luz nos caminhos das pessoas? Estou familiarizado com as várias partes das Escrituras, com todas as partes do Antigo Testamento e do Novo Testamento? Ao ouvir qualquer texto, conheço o seu contexto e os seus paralelos? Conheço a construção gramatical dos quatro evangelhos, de Atos, das epístolas; tenho domínio sobre o sentido espiritual (bem como o literal) do que leio? Conheço as objeções que judeus, deístas, papistas, socinianos e todos os outros sectários fazem às passagens das Escrituras ou a partir delas? Estou preparado para oferecer respostas satisfatórias a cada uma dessas objeções? **2)** Conheço grego e hebraico? De outra forma, como poderei (como faz todo ministro) não somente explicar os livros que estão escritos nessas línguas, mas também defendê-los contra todos os oponentes? Estou à mercê de cada pessoa que conhece, ou pelo menos pretende conhecer o original? Entendo a linguagem do Novo Testamento? Tenho domínio sobre ela? Se não, quantos anos gastei na escola? Quantos anos na universidade? E o que fiz durante esses anos todos? Não deveria ficar coberto de vergonha? **3)** Conheço meu próprio ofício? Tenho considerado profundamente diante de Deus o meu próprio caráter? O que significa ser um embaixador de Cristo, um enviado do Rei dos céus? **4)** Conheço o suficiente da história profana de modo a confirmar e ilustrar a sagrada? Estou familiarizado com os costumes antigos dos judeus e de outras nações mencionadas na Escritura? Sou suficientemente (se não mais) versado em geografia, de modo a conhecer a situação e dar alguma explicação de todos os lugares consideráveis mencionados nela? **5)** Conheço suficientemente as ciências? Fui capaz de penetrar em sua lógica? Se não, provavelmente não irei muito longe, a não ser tropeçar em seu umbral, ou, ao contrário, minha estúpida indolência e preguiça me fizeram crer naquilo que tolos e cavalheiros simplórios afirmam: "que a lógica não serve para nada?" Ela é boa pelo menos para fazer as pessoas falarem menos — ao lhes mostrar qual é, e qual não é, o ponto de uma discussão; e quão extremamente difícil é provar qualquer coisa. Conheço metafísica; se não conheço a profundidade dos eruditos — as sutilezas de Duns Scotus ou Tomás de Aquino — pelo menos sei os primeiros rudimentos, os princípios gerais dessa útil ciência? Fui capaz de conhecer o suficiente dela, de modo que isso clareie minha própria apreensão e classifique minhas ideias em categorias apropriadas; de modo que isso me capacite a ler, com fluência e prazer, além do proveito, as obras do Dr. Henry Moore, *A busca da verdade* (Ed. Paulus e Discurso Editorial) — de Malebranche, *A demonstração do ser e dos atributos de Deus* — do Dr. Clark? Compreendo a filosofia natural? Tenho alguma bagagem de conhecimento matemático? Se não avancei assim, se ainda sou um noviço, que é que eu tenho feito desde os tempos em que saí da escola?

6) Estou familiarizado com os Pais da Igreja, aqueles veneráveis homens que viveram aqueles tempos, aqueles primeiros dias? Li e reli os restos dourados de Clemente de Roma, de Inácio de Antioquia, Policarpo, dei uma lida, pelo menos rápida, nos trabalhos de Justino Mártir, Tertuliano, Orígenes, Clemente de Alexandria e de Cipriano? **7)** Tenho conhecimento adequado do mundo? Tenho estudado as pessoas (assim como os livros) e observado seus temperamentos, máximas e costumes? Esforço-me para não ser rude ou mal-educado, sou afável e cortês para com todas as pessoas? Se sou deficiente mesmo nas capacidades mais básicas, não deveria me arrepender frequentemente dessa falta? Quão frequentemente tenho sido menos útil do que eu poderia ter sido![9]

Ufa! Quanta coisa, não é mesmo? Quando me deparei com esse texto de John Wesley no início da faculdade, no livro

---

9. CRAIG, W. L. Apologética para questões difíceis da vida, *Vida Nova; Ed: 1*, citando John Wesley, que em 1756, Wesley apresentou An Address to the Clergy [*Discurso ao Clero — John Wesley, Works, Vol. 6, pg. 217-231*].

apologético[10] de Willian Lane Craig, comecei a suar frio. No entanto, me senti desafiado a me capacitar para o ministério acadêmico, usando esse texto como um roteiro de estudos. Não sei se chegarei perto de completar esses pré-requisitos de John Wesley, mas os frutos da dedicação a esse roteiro me surpreendem. Outro cristão que me incentivou a desejar o aprofundamento intelectual foi C. S. Lewis. Ele foi chamado de "Apóstolo das Universidades", pois, além de sua devoção a Jesus, era excelente quando debatia com grandes filósofos de sua época. Durante os bombardeios da Alemanha Nazista na Inglaterra, no período da Segunda Guerra Mundial, Lewis realizava um programa de rádio, na Universidade de Oxford, abordando questões filosóficas com respostas do evangelho. Boa parte dos ingleses tinha um rádio dentro de seus abrigos antiaéreos e, durante os momentos mais angustiantes da guerra, foram consolados pelas palavras dele, que posteriormente foram compiladas e transformadas no livro *Cristianismo Puro e Simples*. O efeito que Lewis desencadeou em toda a Inglaterra é difícil de medir, mas seus discursos ainda me desafiam a tomar uma atitude de viver intensamente o evangelho na faculdade! Veja abaixo um dos trechos que chegou ao mais profundo do meu coração:

> É por esse motivo que as orações diárias, as leituras religiosas e a frequência aos cultos são partes necessárias

---

10. *Apologética vem de Apologia, que significa literalmente justificar ou defender. No livro a Apologia de Sócrates, por exemplo, esse termo representa o discurso de Sócrates para defender-se no Tribunal Grego antigo. Foi apropriado pela Teologia para defender a fé cristã das heresias e críticas. Segundo Strong,* απολογια *apologia: 1) defesa verbal, discurso em defesa; 2) uma afirmação ou argumento raciocinado.*

da vida cristã. Temos que recordar continuamente das coisas que acreditamos. Nem essa crença nem nenhuma outra podem permanecer vivas automaticamente em nossa mente. Têm que ser alimentadas. Aliás, se examinarmos um grupo de cem pessoas que perderam a fé no Cristianismo, me pergunto quantas delas o terão abandonado depois de convencidas por uma argumentação honesta. Não é verdade que a maior parte das pessoas se afasta, como que levadas pela correnteza?[11]

Não há questões teóricas que o cristianismo, com seus mais de 2000 anos, não possa responder. O problema é que não procuramos solucionar nossas dúvidas e ficamos satisfeitos com qualquer vídeo de 5 minutos do *Youtube*®. Problemas complexos quase sempre geram respostas complexas. Nossa falta de fé não é fruto da ausência de boas respostas, mas da nossa preguiça em procurá-las; e as boas respostas existem.

Outro aspecto importante que Lewis ressalta é a importância do que chamamos de *devocional*. Nossa carne é decaída e se esquece com facilidade do que é correto. Se clearearmos nossa mente através da Bíblia, incendiarmos nosso espírito pela oração e mantivermos união com nossos irmãos na igreja, aumentaremos nossas chances de vitória. A recorrência disciplinada dos "meios de graça" (oração, leitura bíblica e jejum) nos ajudam a fugir das tentações e a estarmos preparados para enfrentar qualquer situação. Se na Bíblia vemos a revelação progressiva de Deus na história, é na oração que vemos a revelação progressiva de Deus

---

11. LEWIS, C.S. Cristianismo puro e simples, WMF Martins Fontes; 1.ª Ed. p.50.

na nossa própria história. A importância da igreja ou da comunhão com os irmãos também não pode ser menosprezada. O auxílio da igreja nos impede de sermos autossuficientes, nos perdendo no caminho. A igreja nos ensina um lugar de humildade e serviço, cumprindo nosso chamado e nos fazendo entender que somos parte de um organismo muito maior, que é o Corpo de Cristo. A igreja atua no ponto cego da nossa cosmovisão.

É ideal que o estudante nunca abra mão de estar presente nos eventos de sua igreja, participando efetivamente do ministério e prestando contas ao seu pastor ou líder. Ser observado, cuidado, discipulado pela igreja é uma bênção, por mais difícil que possa aparentar. A maior manifestação da fé verdadeira não é aquela que você confessa racionalmente ou sente no coração, mas a que você efetivamente obedece. A igreja, apesar de todas as suas dificuldades, é o lugar que Jesus escolheu para o nosso crescimento. Ela nos ajuda contra os perigos de fora que nos pressionam e os de dentro que nos impelem ao erro. Quando somos cuidados pela igreja, estamos protegidos e somos valorizados. O serviço em resposta ao ministério da igreja é obedecer, honrar às lideranças cristãs[12] e congregar, pois isso agrada a Deus.[13] Nossas crises com a igreja desaparecem quando entendemos que estamos ali para servir e não apenas para receber. O chamado de Deus passa por esse processo fundamental para desenvolver nosso temor a Deus, até mesmo nas questões mais simples.

Ninguém deve se culpar por desconhecer ou demorar para entender o propósito de Deus para sua vida, seja pela força

---

12. *"Os presbíteros que fazem bem seu trabalho devem receber honra redobrada, especialmente os que se dedicam arduamente à pregação e ao ensino"* (1 Timóteo 5:17).

13. *"E não deixemos de nos reunir, como fazem alguns, mas encorajemo-nos mutuamente, sobretudo agora que o dia está próximo"* (Hebreus 10:25).

das circunstâncias, pressões familiares, sociais ou econômicas. Nosso cristianismo se fortalece ao descobrimos nossa vocação, harmonizando-a com o que Deus já colocou em nosso coração. Minha vivência no curso de Direito parecia fora do chamado de Deus. Eu me sentia confuso, sempre achando que estava perdendo tempo e, apesar do meu esforço, parecia-me até que as matérias não eram ministradas em meu idioma! Deus me levou a descobrir a minha vocação e propósito por meio da obediência aos meus pais e líderes, tornando fundamental minha atenção ao que Ele depositou em meu coração.[14] Sou extremamente grato por pessoas que se dispuseram a orar por minha vida. Estar na presença de Deus é a oficina em que nossos sonhos são trabalhados. É curioso como algumas pregações aparecem quando estou no meu quarto ou caminhando pela rua, vendo-me em conversas polêmicas sobre teologia e política, com ateus e membros de outras religiões.

Portanto, buscar a Deus com intensidade e continuidade é um ótimo ponto de partida para descobrirmos nosso chamado. As questões que nos tocam profundamente no geral estão associadas com a nossa vocação. Porém, caso as dúvidas permaneçam, servir com excelência e estar atento ao que falam sobre nós dentro de nossa casa, igreja, ou trabalho, é outra forma de nos orientarmos no plano e no propósito de Deus. Quando começamos a nos mover nesse sentido, é questão de tempo até vermos Deus abrindo as portas mais extraordinárias.

---

14. Sou da opinião que palavras proféticas não devem servir para fundamentar escolhas de vida como onde trabalhar, com quem casar ou qual curso fazer. Devem servir para testificar algo já conquistado no quarto de oração. Não podemos responsabilizar Deus pela consequência das nossas decisões. Devemos atentar para que as decisões estejam de acordo com a vontade de Deus. A Bíblia não serve para justificar as ações que achamos ser corretas, mas nossas ações servem para mostrar que a Bíblia é a verdade.

UMA (COSMO)VISÃO TRANSFORMADA

> Seus olhos são como uma lâmpada que ilumina todo o corpo. Quando os olhos são bons, todo o corpo se enche de luz. —MATEUS 6:22

Foi logo no início da Idade Moderna que o filósofo Immanuel Kant trouxe um conceito que impactou as universidades: *Weltanschauung*. O conceito pode ser traduzido do alemão como "visão de mundo" ou cosmovisão[15] (olha a palavra *kosmos* aparecendo de novo!). A cosmovisão é a forma como vemos o mundo, como as lentes do coração, que usamos para interpretar toda vida. Apesar do conceito de

---

15. James Sire no seu livro Dando nome ao Elefante *(Ed. Monergismo, 2017)*, critica os filósofos que relativizam o conceito de cosmovisão e desenvolve um conceito aprofundado: "Cosmovisão é um compromisso, uma orientação fundamental do coração, algo que pode ser expresso em uma história ou em um conjunto de pressuposições (afirmações que podem ser verdadeiras, parcialmente verdadeiras ou totalmente falsas) que sustentamos (de modo consciente ou inconsciente, consistentemente ou não) sobre a estrutura básica da realidade e que provê os fundamentos em que vivemos, nos movemos e existimos".

óculos ou lentes ser interessante, ainda é muito controverso. Não há um consenso se cosmovisão é algo meramente teórico, se está relacionada às profundezas da alma ou se é considerada a própria alma. A maioria concorda que o conceito é pré-teórico, ou seja, a nossa cosmovisão define como pensamos, agimos e até sentimos. A cosmovisão envolve aspectos que se desenvolvem a partir da infância (experiências, constituição genética, educação, relacionamentos, religião e muitos outros) e nos influenciam até a velhice. Todos temos uma cosmovisão, e é impossível não haver uma forma particular de ver o mundo. Estudos sobre cosmovisão devem buscar ser realistas e bíblicos, pois, caso contrário, é possível reduzir seu entendimento a um relativismo em que tudo passa a ser opinião pessoal e nada pode ser interpretado como verdade.[16]

Na Holanda do século 19 e 20, alguns cristãos se dispuseram a estudar a Cosmovisão com profundidade. Abraham Kuyper foi um desses, que, além de pastor, foi jurista, jornalista e o Primeiro Ministro da Holanda de 1901 a 1905 (cargo semelhante ao de Presidente da República). Kuyper sintetizou uma frase sobre a abrangência do poder de Jesus sobre todo o *kosmos* que se tornou lema dos cristãos de sua época:

---

16. Alguns outros filósofos tentaram conceituar cosmovisão: 1. Wilhelm Dilthey — depende da mente de quem percebe; 2. Friedrich Nietzsche — cosmovisão sujeita ao tempo, lugar e cultura; 3. Ludwig Wittgenstein — retrato do mundo; 4. Michel Foucault — opressão social; dentre os cristãos; 5. James Orr — sistema cristocêntrico; 6. Abraham Kuyper — Relacionamento com Deus, com o homem e o mundo; 7. Herman Dooyeweerd — compromisso espiritual do coração; 8. James Olthuis — conjunto de crenças fundamentais; 9. Albert M Wolters — experiência cotidiana; 10. Ronald Nash — como vemos Deus, a realidade, o conhecimento, a estética e a humanidade, esse conjunto de crenças é base para todo resto; 11. John H. Kok — O testemunho na vida prática evidencia a cosmovisão (fala mais alto do que a teoria). Agradeço a Dra. Carolina Menezes pelo resumo.

Ó, nem um único espaço de nosso mundo mental pode ser hermeticamente selado em relação ao restante, e não há um único centímetro quadrado em todos os domínios da existência humana sobre o qual Cristo, que é o Soberano sobre tudo, não clame: é Meu!

Existem muitos que entendem que, por causa do pecado do homem, as chaves da criação foram entregues a Satanás, o que o tornaria o governante deste mundo. Kuyper e muitos outros teólogos questionam esse suposto governo do império das trevas. Seu entendimento é de que o pecado distorce e deforma tudo o que é tocado, tornando a influência e a manifestação das trevas cada mais vez mais forte. Da mesma forma, onde os princípios bíblicos forem usados para desenvolver qualquer parte do *kosmos*, teremos bons resultados, pois a criação, segundo Deus, é boa.[17] O conceito que Kuyper utiliza para explicar isso é o de "Antítese". O império das trevas e o Reino de Deus lutam pelo controle das regiões celestiais, então, se a antítese está sofrendo perdas em alguma área, isto significa que o mal está prevalecendo. Eu gosto de usar esse exemplo, pois facilita a compreensão de que nossa luta não é contra carne ou sangue nem contra a criação de Deus, mas contra o pecado.

Um dos legados mais poderosos de Kuyper para a Holanda foi a criação da universidade Livre de Amsterdã. Uma universidade desvinculada da Igreja e do Estado, que poderia se dedicar com autonomia na produção do conhecimento. Ela permitiu a todos aqueles que quisessem exercer com liberdade alguma ciência a possibilidade de desenvolver a sua vocação e, assim, a

---

17. "*Então Deus olhou para tudo que havia feito e viu que era muito bom. A noite passou e veio a manhã, encerrando o sexto dia*" (Gênesis 1:31).

sociedade. Fazer ciência de qualidade pelo simples fato de ser ciência nos fará inevitavelmente descobrir mais sobre a criatividade e a sabedoria de Deus, colocando-nos em profunda adoração. Os cristãos que são cientistas devem manifestar os mais variados dons concedidos pelo Espírito Santo,[18] a fim de que sejam comprometidos a fazer ciência de ponta, maravilhando a todos com a complexidade e beleza do cosmo.[19] Acredito que Kuyper foi profético em certo sentido quando, estudando a modernidade, disse que, caso a sociedade não se voltasse para uma cosmovisão cristã, ela perderia a noção de homem e mulher, e a humanidade se tornaria apenas um gênero indefinido.[20]

Mas qual seria então a cosmovisão cristã? O conceito mais defendido pelos estudiosos cristãos é a narrativa *Criação-Queda-Redenção*. Explicando de forma bem resumida: a Criação se refere ao fato de que Deus criou todas as coisas vendo que tudo era bom e que fez o homem à sua imagem e semelhança, a *Imago Dei* — imagem de Deus. A Queda se refere ao fato do homem ter pecado, morrido espiritualmente e a influência do pecado estar sobre toda a criação. Em Jesus Cristo tudo se fez novo e/ou está sendo redimido e, em breve Ele voltará para buscar a Sua Igreja onde viveremos plenamente o Seu reino de justiça.

---

18. *Alguns talvez possam reclamar que estou usando muitos autores Reformados. Não posso negar que eles foram os pioneiros nos estudos de Cosmovisão. Porém, o diferencial de Kuyper é que ele era carismático, orava em línguas e escreveu um tratado de quase 700 páginas sobre* A Obra do Espírito Santo, *publicado pela Editora Cultura Cristã.*

19. *Hoje, a Holanda, devido às suas pesquisas agronômicas, produz, à título de exemplo, mais cebola que todo o Brasil, mesmo sendo um país com área total menor do que o estado do Rio de Janeiro, https://www.nationalgeographic.com/magazine/2017/09/holland-agriculture-sustainable-farming/.*

20. *Curiosamente, os filósofos pós-estruturalistas, que fundamentam a suposta identidade de gênero, como Marcuse, Michel Foucault, Simone de Beauvoir, Jacques Derrida e Judith Butler, têm defendido exatamente isso.*

Se usarmos a narrativa acima, corremos menos riscos de cometer equívocos. É importante sabermos que a cosmovisão cristã é central para definirmos o que é prioritário e o que é secundário nas discussões que teremos. Se a Criação, Queda ou Redenção for alterada, é provável que estejamos diante de outra religião. As linhas que retiram Deus da criação, que negam a seriedade do pecado no Éden e que entendem que Jesus não é suficiente para salvar são raciocínios não cristãos. Mesmo assim, existem muitas outras linhas de pensamento dentro da própria cosmovisão cristã. As igrejas costumam divergir em questões secundárias, mas, se você vasculhar até o fundo, o eixo central da fé cristã[21] (o que nos define como cristãos) é aceito pela grande maioria. É urgente saber diferenciar a importância desses assuntos, para evitar contendas, brigas e divisões sem necessidade. Mas, infelizmente, vemos muitas bocas maledicentes que rapidamente declaram o irmão como herege, apenas evidenciando

---

21. Considero a coluna vertebral da fé Cristã, o eixo do qual qualquer alteração seja passível de heresia, o Credo Niceno em 325 d.C.: "Cremos em um só Deus, Pai Todo-poderoso, Criador do céu e da terra, de todas as coisas visíveis e invisíveis. Cremos em um só Senhor Jesus Cristo, o único Filho de Deus, nascido do Pai antes de todos os séculos, Deus de Deus, luz de luz, verdadeiro Deus de verdadeiro Deus; gerado, não criado, de igual substância do Pai; por Ele todas as coisas foram feitas. Por nós, homens, e por nossa salvação, Ele desceu do céu e se fez carne, pelo Espírito Santo, da virgem Maria, e se tornou homem. Também por nós, foi crucificado sob Pôncio Pilatos, padeceu e foi sepultado. Ressurgiu no terceiro dia, conforme as Escrituras. Subiu ao céu, está sentado à direita do Pai e de novo há de vir, com glória, para julgar os vivos e os mortos, e seu reino não terá fim. Cremos no Espírito Santo, Senhor e Vivificador, que procede do Pai e do Filho, e com o Pai e o Filho é adorado e glorificado; que falou através dos profetas. E numa só igreja, santa, universal e apostólica. Confessamos um só batismo para remissão dos pecados. Esperamos a ressurreição dos mortos e a vida do século vindouro. Amém". Creio que essa crença é a esperança dos cristãos. Os outros assuntos são secundários, mas de forma alguma irrelevantes. Busco fidelidade também nas cinco solas da Reforma Protestante (Scriptura, Christus, Gratia, Deo gloria, Fide), pois elas reforçam o credo e ajudam a filtrar discussões sem propósito. Tenho assim, facilidade de chamar de irmãos membros de várias denominações cristãs, porém sou crítico do ecumenismo entre religiões que não têm esse eixo central.

a própria idolatria de algum teólogo famoso. A Bíblia não se resume a um racionalismo teológico frio ou a uma ênfase sentimental, financeira ou mística. Devemos ensinar a Bíblia como um todo, para que possamos viver um evangelho pleno.

Um dos discípulos de Kuyper procurou aprofundar o conceito de *Weltanschauung* e analisou várias filosofias à luz da cosmovisão cristã; seu nome era Herman Dooyeweerd (pronuncia-se "Dóiverd"). Além de filósofo, ele era doutor em Direito, e os reflexos dos seus estudos afetaram vários ramos da pesquisa científica. Tive o prazer de fazer meu TCC em Direito baseado em suas ideias. Percebi que uma de suas paixões era estudar o coração do homem e como ele é direcionado por ideologias. Um dos seus textos que mais me surpreendeu foi a análise da filosofia Marxista pelo viés da cosmovisão.[22] A linguagem de Dooyeweerd é bem complexa, mas vou tentar explicá-la de forma resumida. Para ele, a ideologia de Karl Marx se tornou uma religião, pois a Criação realizada por Deus seria mero caos e com a evolução cega. Para Marx, a Queda ou o Pecado são frutos do advento da luta de classes pelo controle de algum capital; a Redenção seria a eliminação desta luta de classes; e a Consumação, um regime comunista. É por isso que os

---

22. "O marxismo, que é a fonte do comunismo contemporâneo, deu à visão historicista dialética e idealista de Hegel um giro materialista. De acordo com Marx, todas as ideias humanas, inclusive as doutrinas religiosas, não são mais do que o reflexo ideológico de um sistema técnico de produção econômica que surge, amadurece e entra em colapso no curso da história com uma necessidade dialética interna. Entretanto, Marx não era um historicista mais radical do que Comte [filósofo francês, que deu início ao Positivismo]. Pois ele estava comprometido fortemente com a crença em uma consumação escatológica da história, a redenção final e libertação da humanidade por meio do sofrimento do proletariado, fundando o paraíso terrestre de uma sociedade comunista sem classes após a destruição do capitalismo. Essa transformação humanista da fé messiânica se tornou o evangelho do comunismo internacional que fundou sua Jerusalém em Moscou após a revolução Russa." DOOYEWEERD, Herman. No Crepúsculo do Pensamento. 1.ª Ed. São Paulo: Hagnos 2010.p. 137

marxistas dizem: "com fascista, se resolve na ponta do fuzil", pois, no coração deles (lugar em que se localiza a cosmovisão), fuzilar fascistas ou burgueses não é errado; é justiça. Por esses e por outros motivos, não é coerente que um cristão se identifique com o socialismo ou com o comunismo, pois, na sua forma mais pura, o marxismo é completamente oposto à religião cristã. Até mesmo o ditador Lênin já dizia que é impossível conciliar essas duas concepções de mundo:

> A social democracia baseia toda sua concepção de mundo no socialismo científico, isto é, no marxismo. A base filosófica do marxismo, como Marx e Engels repetidamente declararam, é o materialismo dialético, que assimilou inteiramente as tradições históricas do materialismo do século XVIII na França e de Feuerbach (primeira metade do século XIX) na Alemanha, um materialismo incondicionalmente ateísta, decididamente hostil a qualquer religião. [...] Recordemos que, na sua obra sobre Ludwig Feuerbach, Engels o censura por ele não lutar contra a religião para aniquilar, mas para renovar, para criar uma religião nova e "elevada" etc. "A religião é o ópio do povo" — esta máxima de Marx é a pedra angular de toda concepção de mundo do marxismo na questão da religião. Todas as religiões e igrejas atuais, todas e quaisquer organizações religiosas, são sempre encaradas pelo marxismo como órgãos da reação burguesa que servem para defender a exploração e para embrutecer a classe operária.[23]

---

23. LENIN, V. I. Sobre a atitude do partido operário em relação à religião *in* Sobre la religión, *Reyes Mate e Hugo Assmann (org.), Ágora, vol.II, p. 270-1.*

Porém ao criticarmos o Marxismo e a "esquerda" pela sua história de confronto com a fé evangélica, não devemos deixar de confrontar os pecados que existem na "direita"[24] ou no capitalismo.

Adam Smith foi talvez um dos teóricos mais famosos do capitalismo moderno, tendo como marco a publicação do livro *A Riqueza das Nações* (Editora Madras, 2009), que contém o ensaio sobre a "mão invisível", de um mercado que se autorregula:

> Assim, o mercador ou comerciante, movido apenas pelo seu próprio interesse egoísta (self-interest), é levado por uma mão invisível a promover algo que nunca fez parte do interesse dele: o bem-estar da sociedade. [...] Não é da benevolência do açougueiro, do cervejeiro e do padeiro que esperamos o nosso jantar, mas da consideração que eles têm pelos próprios interesses. Apelamos não à humanidade, mas ao amor-próprio, e nunca falamos de nossas necessidades, mas das vantagens que eles podem obter. [...] Todo indivíduo está continuamente esforçando-se para achar o emprego mais vantajoso para o capital que possa comandar. É sua própria vantagem, de fato, e não a da sociedade, que ele tem em vista. Mas o estudo de sua própria vantagem, naturalmente, ou melhor, necessariamente, leva-o a preferir aquele emprego que é mais vantajoso para a sociedade.[25]

---

24. *Não pretendo ser rigoroso no uso das palavras, mas trato como "esquerda" a ideia de maior intervenção estatal na economia e aumento das liberdades morais em contraponto com a "direita", que entendo ser a busca por mais liberdade econômica e defesa de mais freios morais sociais.*

25. SMITH, A. *A mão invisível.* Penguin e Cia Das Letras, 1.ª Ed. 2013.

Qual deve ser a nossa resposta a estes textos quando a Bíblia nos alerta que "[O amor não é] grosseiro, não exige que as coisas sejam à sua maneira, não é irritável, nem rancoroso", ou que "Não se preocupem com seu próprio bem, mas com o bem dos outros"? Ou ainda, "...assim como também eu procuro agradar a todos em tudo que faço. Não faço apenas o que é melhor para mim; faço o que é melhor para os outros, a fim de que muitos sejam salvos"? Talvez, destes, o versículo mais contundente seja: "Quem vive isolado se preocupa apenas consigo e rejeita todo bom senso".[26] Devemos julgar todas as coisas e não tornar nossa própria forma de enxergar o mundo (cosmovisão) imune a críticas.

Sempre fui um grande entusiasta do Liberalismo Econômico, mas, apesar de manter muitos posicionamentos considerados de "Direita" ou "Conservador", entendo que essas ideologias têm pontos questionáveis à luz da Bíblia. Devemos estar atentos para levar ao coração das pessoas o verdadeiro evangelho e não uma modificação ideológica dele. Se o princípio base do liberalismo econômico (capitalismo) é buscar os próprios interesses egoístas, então sua raiz é tão antibíblica e pecaminosa quanto o marxismo. Antes de nos identificarmos com ideologias, somos chamados à obediência a Cristo. Jesus é mais real do que qualquer ideal.

O Naturalismo Cientificista (Ateísmo) é outro exemplo de cosmovisão: segundo essa ideologia, a Criação é também o Caos e a Evolução; a Queda ou o Pecado é a ignorância, que geralmente se manifesta como religião; a Redenção virá por meio da Ciência e da Razão, e a Consumação pode ser vista

---

26. 1 Coríntios 13:5; 10:24; 10:33 e Provérbios 18:1, respectivamente.

nos livros de ficção científica, nos quais as doenças, a pobreza e até mesmo o tempo e o espaço são superados pela tecnologia. O Ateísmo não deixa de ser uma religião, pois adquire em seus seguidores mais radicais o fundamentalismo religioso visto nas mais variadas seitas. Para um ateu, o objetivo é nos tornarmos os próprios deuses.[27] Um exemplo dessa cosmovisão é a citação do famoso ateu Yuval Noah Harari, que escreveu os best-sellers *Sapiens* e *Homo deus*:

> O sucesso alimenta a ambição, e nossas conquistas recentes estão impelindo o gênero humano a estabelecer objetivos ainda mais ousados. Depois de assegurar níveis sem precedentes de prosperidade, saúde e harmonia, e considerando tanto nossa história pregressa como nossos valores atuais, as próximas metas da humanidade serão provavelmente a imortalidade, a felicidade e a divindade. Reduzimos a mortalidade por inanição, a doença e a violência; objetivaremos agora superar a velhice e mesmo a morte. Salvamos pessoas da miséria abjeta; temos agora de fazê-las positivamente felizes. Tendo elevado a humanidade acima do nível bestial da luta pela sobrevivência, nosso propósito será fazer dos humanos deuses e transformar o Homo sapiens em Homo deus.[28]

---

27. Referência ao livro de ficção científica Os próprios deuses, do ateu Isaac Asimov. Isaac Asimov (1920–92) escreveu vários livros desse gênero de ficção, especialmente sobre Robôs. Sua obra-prima é a Trilogia da Fundação, que foi uma das principais influências na criação de Star Wars. Asimov inclusive participou das gravações como consultor de George Lucas. Também escreveu comentários bíblicos ateístas e muitos de seus personagens têm alguma relação com a religião. Desenvolveu dezenas de argumentos contra Deus e os inseriu em seus livros. Ele é um dos melhores autores para se compreender o Neoateísmo Cientificista.

28. HARARI, Y. N Homo Deus: Uma breve história do amanhã. São Paulo: Companhia das Letras, 2015.

Não há como qualquer idolatria se sustentar, pois Deus não aceita outros deuses diante de si.[29] Qualquer homem que busque tirar Deus do centro, conscientemente ou não, coloca alguma outra coisa no lugar e produzirá frutos de acordo com esse ídolo. Isso não atrapalha o reconhecimento de que avanços científicos foram realizados por cientistas ateus, mas não podemos aceitar todo o pacote ideológico. C. S. Lewis nos mostra como lidar com os erros e acertos das outras religiões:

> Se você é cristão, não precisa acreditar que todas as outras religiões estão simplesmente erradas de cabo a rabo. Se você é ateu, é obrigado a acreditar que o ponto de vista central de todas as religiões do mundo não passa de um gigantesco erro. Se você é cristão, está livre para pensar que todas as religiões, mesmo as mais esquisitas, possuem pelo menos um fundo de verdade. [...] É claro, no entanto, que, pelo fato de sermos cristãos, nós temos efetivamente o direito de pensar que, onde o cristianismo difere das outras religiões, ele está certo e as outras, erradas.[30]

O olhar da cosmovisão cristã nos ajuda a encontrar o fundamento e a esperança das ideologias. Pensar de forma cristã nos faz perceber que estaremos lutando na universidade contra falsas religiões mascaradas de ideologias filosóficas ou sociais, descobrindo suas limitações ou hipocrisias. Quando essas

---

29. Vejo na profecia de Naum um alerta para nossa idolatria: *"O SENHOR é Deus zeloso, cheio de vingança e ira. Vinga-se de todos que a ele se opõem e reserva sua fúria para seus inimigos"* (Naum 1:2).
30. LEWIS. C. S. Cristianismo puro e simples. *Wmf Martins Fontes*. 1.ª Ed. 2009. p.20.

religiões modernas começam a se fortalecer em algum lugar[31] e se tornam "a forma certa" de se pensar, a triste consequência é a destruição não só das pessoas, mas das estruturas sociais. O problema de uma cosmovisão é que ela pode apresentar muitos pontos cegos. Nós não percebemos os estragos que uma ação ou uma palavra podem causar na vida do próximo. Nossos filtros precisam de limpeza recorrente. Se pensarmos que apenas o nosso senso de justiça ou nossa opinião é o correto e julgarmos todos os outros baseados em nós mesmos, estamos diante do pecado de orgulho ou até mesmo da idolatria. A Bíblia fala que "quando mostramos nossos atos de justiça, não passam de trapos imundos" (ISAÍAS 64:6). Isso não significa que a justiça é relativa ou um mero ponto de vista, pois a própria Bíblia fala que Deus saciará aqueles que têm fome e sede de justiça[32] e que a "Justiça e juízo são a base de seu trono".[33] Segundo o texto de Isaías 64:6, devemos colocar nossas dúvidas, pressuposições e opiniões diante do Senhor para saber se o que fazemos é o correto, a fim de que nossas atitudes não percam o "sal".[34] Estamos fundamentados na verdade, mas precisamos estar atentos à *forma* que ela será transmitida, para que a própria verdade não seja

---

31. O fenômeno em que uma cosmovisão (certa ou errada) ganha força dentro de uma sociedade é chamado de "Estrutura de Plausibilidade". As pessoas podem estar enganadas por uma cosmovisão errada, mas se pensam igual, então a impressão é de que aquela cosmovisão é a verdade.

32. "Felizes os que têm fome e sede de justiça, pois serão saciados" (Mateus 5:6).

33. "O Senhor reina! Alegre-se a terra, exultem os litorais mais distantes. Nuvens escuras o cercam; justiça e retidão são a base de seu trono" (Salmo 97:1,2).

34. "Vocês são o sal da terra. Mas, se o sal perder o sabor, para que servirá? É possível torná-lo salgado outra vez? Será jogado fora e pisado pelos que passam, pois já não serve para nada" (Mateus 5:13).

comprometida.[35] A autoavaliação ajuda nesses casos, sendo talvez uma das necessidades mais urgentes da vida cristã. Se ela estiver baseada na Palavra de Deus, estaremos seguros. Como disse o pastor Luciano Subirá, "não precisamos apenas de autoavaliação, mas de avaliação do alto". Ao auto-avaliarmos nossas opiniões à luz da Bíblia, ficamos em posição de humildade diante do conhecimento e das opiniões alheias, o que nos permite encontrar coisas boas nos lugares mais improváveis. Não existe outro caminho; a autoavaliação se aperfeiçoa pela leitura bíblica e oração secreta no quarto de oração.[36]

---

35. *"Quem obedece às suas ordens não será castigado. Quem é sábio encontrará o tempo e o modo apropriado de fazer o que é certo" (Eclesiastes 8:5).*

36. *"Mas, quando orarem, cada um vá para seu quarto, feche a porta e ore a seu Pai, em segredo. Então seu Pai, que observa em segredo, os recompensará" (Mateus 6:6).*

PERSEGUIÇÃO EXPANDIDA

Todos os teus mandamentos são confiáveis; protege-me dos que me perseguem sem motivo.

—SALMO 119:86

Vimos que, para muitas cosmovisões que encontramos na faculdade, o cristianismo é o problema da sociedade. Na universidade, a maior parte das pessoas acha que a santidade[37] é uma opressão e que o verdadeiro direito é "ser o que se quiser ser". Chamar algo de pecado é uma ofensa grave para aqueles que vivem segundo o curso deste mundo. Muitos cristãos são perseguidos desnecessariamente por não prestarem atenção na forma de falar e fecham o coração dos colegas para ouvi-los. Uma das discussões que eu cansei de ver na faculdade é a de como a Reforma Protestante contribuiu para a criação de uma sociedade com grande liberdade

---

37. *O conceito de santidade é muito mais abrangente do que a ética sexual cristã de se guardar para o casamento e não adulterar. Envolve também observar e viver os princípios bíblicos num contexto profissional, familiar, pessoal, de justiça etc.*

econômica.[38] Porém, especialmente nas universidades públicas que têm sido impregnadas pelo secularismo, a Reforma Protestante, seus ideais e valores são vistos como opressores e maléficos. Ocorreram erros na Reforma? Sim, muitos,[39] mas a simples ideia da existência de um Deus que nos sonda foi suficiente para frear seus excessos. No *Livro Negro do Comunismo* (Ed. Bertrand Brasil, 1999), Stéphane Courtois relata como os regimes comunistas aplicaram sua teoria, conseguindo realizar o genocídio de mais de 100 milhões de pessoas apenas no século 20. São relatos como esses que nos levam a duvidar sobre a identidade do verdadeiro opressor, ou qual balança tem sido usada para julgar os frutos da Reforma.

Nós podemos afirmar que a filosofia grega e o direito romano são a base de nosso sistema científico e sociopolítico, mas eles têm sido desconstruídos com muito empenho por profissionais das mais variadas áreas. Não estou fazendo uma defesa dos gregos ou romanos, pois esses sistemas não são perfeitos. Estou apenas reconhecendo seu legado, que providenciou muitas estruturas de pensamentos que ajudam a discernir e compartmentalizar o conhecimento, por exemplo: discussões sobre o que é a realidade (ontologia — ὄντως), o que é a sabedoria (filosofia — Φιλοσοφία), como podemos conhecer algo

---

38. *Max Weber escreveu um livro chamado* A Ética Protestante e o Espírito do Capitalismo *(Ed. Martin Claret, 2013) para contrapor-se à tese de Marx que apenas o capital era a base de toda transformação social. Weber defende que a ética religiosa é um fator importante para analisar a prosperidade dos países.*

39. *Alguns erros da reforma e dos reformadores que vou apenas citar para quem desejar estudar posteriormente: Calvino e Serveto, a morte dos arminianos remonstrantes, John Knox e o Cardeal Beaton, Lutero e a famosa frase "Se for pecar, peque com gosto", o banho de sangue entre Zwinglio e os Anabatistas, Jonathan Edwards e os puritanos defensores da escravidão africana etc.
Minha intenção ao expor esses erros é evitarmos qualquer idolatria e olharmos para o passado sabendo que foram homens usados por Deus para muitas transformações, mas eram apenas homens falhos.*

(epistemologia — ἐπιστήμη), o que é a mente/alma humana (psiqué — Ψυχή), o que são os fenômenos naturais (física — φύσις), como podemos melhorar a eficácia de alguma coisa (techné — τέχνη), o que são valores (axiologia — άξιος), os costumes e hábitos (ethos — ἔθος) culminando no vínculo, no verbo de todas essas coisas (logos — λόγος). Os apóstolos entenderam que Logos era um nome culturalmente apropriado para referir-se a Deus. Isso demonstra que a cultura secular não é descartável, mas pode ser adequada para transmitir as verdades da Palavra de Deus. O que combatemos não é a cultura, mas o pecado que perverte a cultura. Podemos ver a influência grega nas marcas de roupas, palavras, nomes e nas ciências. Se alguém quiser desenvolver um novo sistema de pensamento, terá que propor algo que o supere, porém não encontrei alguém que tenha conseguido.

O Direito Romano é outro fundamento estrutural da nossa sociedade. Nós sentimos sua presença nos julgamentos das "varas" de Justiça, quando podemos apelar, em sede de recurso, ao Tribunal para rever a sentença, semelhante ao que Paulo fez a César.[40] Cargos como o de prefeito (*praefectum*), Capitão da Polícia (centurião que comandava 100 soldados) são resquícios da estrutura romana. A influência também pode ser sentida nas obrigações que surgem dos contratos, testamentos, herança, *mora* (atraso), possibilidade de se defender em juízo, segundo "o contraditório e ampla defesa".[41] Mesmo isso parecendo

---

40. "Mas, quando os líderes judeus protestaram contra a decisão, considerei necessário apelar a César, embora não tivesse acusação alguma contra meu próprio povo" (Atos 28:19).

41. "Eu lhes disse que a lei romana não condena ninguém sem julgamento. O acusado deve ter a oportunidade de confrontar seus acusadores e se defender" (Atos 25:16).

complicado, é importante para nossa sobrevivência na sociedade. Apesar disso, muita gente quer destruir esse sistema que tem sido aperfeiçoado por milênios, seja pelos erros do passado ou por uma ideologia particular. O que existirá sem essa estrutura? Fico desconfortável só de pensar.

Vivi essa desconstrução da tradição romana em uma aula de Direito Tributário, nos estudos de um influente tributarista de São Paulo, o qual afirma que a realidade seria composta por Eventos (situações que acontecem no nosso dia a dia) e Fatos (eventos reconhecidos por uma autoridade competente). No exemplo de sala, um evento envolveria alguém que ultrapassou o sinal vermelho sem ser percebido por ninguém e um fato seria quando um guarda de trânsito vê o motorista furar o sinal e aplica a multa. Para esse tributarista, tal doutrina pode ser aplicada à totalidade do Direito, pois o Direito não teria interesse em eventos, apenas em fatos. Atualmente esse entendimento tem influenciado quem estuda o Direito Tributário. Imagino quão séria é essa interpretação e os seus reflexos na sociedade. O raciocínio em resumo é:

(1) Se algo existe, não é evento, mas fato;
(2) É o Estado que determina eventos em fatos;
(3) É o Estado que determina se algo existe.

Essa ideia traz um ensino contraprodutivo e defende um sofisma[42] dentro da matéria de Direito Tributário. Ela mostra um totalitarismo velado, que procura ser aplicado nos mais

---

42. *Argumento ou raciocínio concebido com o objetivo de produzir a ilusão da verdade, que, embora simule um acordo com as regras da lógica, apresenta, na realidade, uma estrutura interna inconsistente, incorreta e deliberadamente enganosa (Dicionário* Houaiss, 2009).

diferentes ramos do Direito, conferindo ao Estado o poder de determinar quem é humano, quem é cidadão, quais são os direitos e deveres do homem na sociedade, permitindo que o legislador "competente" possa interpretar como quiser. Não é à toa que alguns países que pensam de forma semelhante ao tributarista, como a Venezuela, ex-URSS e a Coreia do Norte, permitem que a identidade e o valor do ser humano sejam determinados pelo Estado. Um reflexo desse pensamento é a crise migratória que ocorre nos países próximos à Venezuela enquanto eu escrevo este livro. Muitos venezuelanos estão fugindo para outros países da América Latina por causa dessas ideias totalitárias. Quem é contra o governo venezuelano é executado por grupos paramilitares fiéis ao ditador. É uma situação muito triste. Ideias erradas e mentirosas têm resultados catastróficos.

Se nos voltarmos para a política, não é de surpreender que ela seja tão corrupta. Hoje, qualquer um que seja candidato e queira se manter honesto terá dificuldades, pois será forçado a participar do sistema sob o risco de não ter nenhum projeto aprovado. Quando queremos realizar qualquer empreendimento, o Estado é burocrático, cansativo e é fácil encontrarmos um agente público corrupto que pedirá uma "ajudinha" para desenrolar o processo de forma mais rápida. Por que isso acontece? A razão é que o pecado não afeta apenas as pessoas. Lembra da antítese do Kuyper? O pecado distorce vários aspectos da nossa realidade (razão, emoção, físico etc.) e das esferas sociais que estamos inseridos (Estado, Mercado, Escola etc.), tornando-as ineficientes pelo desacordo com as boas leis da criação de Deus.

Os cristãos que entenderam a universalidade do seu chamado, com a ajuda de Deus, procurarão restaurar todas as coisas para a sua forma original, que foi perdida na queda. Não se trata apenas de eliminar o pecado que nos afeta, mas desenvolver frutos de acordo com a vontade de Deus em todas as áreas. É necessário buscar profundidade para que essa transformação aconteça. Se um sistema, seja ele computacional, educacional, jurídico, político ou cultural, estiver recheado de princípios cristãos, é certo que ele abençoará todos sob a sua influência. Fazer um bom trabalho em sua área específica gera frutos que agradam a Deus. Novamente, C. S. Lewis nos ajuda a entender como fazer isso na prática:

> Não precisamos de mais livretos sobre o cristianismo, mas, sim, de mais livretos cristãos sobre outros assuntos — como o cristianismo latente. Vamos com mais facilidade olhando para o outro lado. Não é provável que nossa fé seja abalada por um livro sobre o hinduísmo. Entretanto, se toda vez que lermos um livro de geologia, botânica, política ou astronomia, encontrarmos implicações hindus, isso nos abalará. Não foram livros escritos em defesa do materialismo o que tornou o homem moderno materialista; foram as posições materialistas contidas em todos os outros livros. Da mesma forma, livros sobre o cristianismo não incomodarão muito. Mas alguém ficaria perturbado se, toda vez que fosse procurar um livro de introdução a uma ciência, a melhor obra no mercado fosse sempre escrita por um cristão.[43]

A perseguição anticristã pode ser realizada por Estados, universidades, filosofias, sistemas de gestão empresarial, processos

---

43. LEWIS, C. S. Ética para viver melhor: diferentes atitudes para agir corretamente. 1.ª ed. — São Paulo: Planeta, 2017. p.99.

judiciais ou ainda outros que afrontam o cristianismo em uma busca desenfreada por lucros ou pela destruição de liberdades individuais. Um cristão deve trazer Deus para a esfera pública como a verdadeira forma de solucionar os problemas que serão enfrentados. Se orarmos pedindo ao Deus Criador que nos ajude, por exemplo, com o estudo da física de materiais, Ele poderá nos revelar algo que necessitamos nessa área. A prosperidade virá quando produzirmos prédios mais seguros, equipamentos mais resistentes, pois estarão de acordo com a vontade de Deus para esse campo do conhecimento. É possível que possamos participar de uma palestra sobre física de materiais e dar um bom testemunho cristão para um auditório repleto de não cristãos, que estão ali pensando em assistir apenas mais um congresso sobre construção civil. Imagine o que Deus pode fazer por intermédio da nossa vida?

Alguns teólogos e historiadores sugerem que um dos motivos dessa perseguição velada ter crescido nos últimos 150 anos é que o cristianismo, por medo de se contaminar com o mundo, criou guetos evangélicos produzindo livrarias cristãs, roupas evangélicas, música gospel, tijolo crente etc.[44] A universidade foi quase abandonada pelos cristãos, abrindo assim espaço para a ocupação de um espírito maligno de que falarei adiante. Se formos biblicamente fiéis em nossos estudos, empregos e relacionamentos, as pessoas verão pelo nosso testemunho que o evangelho é relevante para sua vida e não só uma história

---

44. Não vejo o material gospel como inapropriado, pois somos muito abençoados por aqueles que trabalham especificamente para os cristãos. Talvez por falta de cuidado, o gospel ganhou contornos mercadológicos que se assemelham a uma cultura de ganância que não tem o interesse de viver um testemunho genuinamente cristão. Alguns cantam uma coisa, mas vivem outra. Quem sabe o seu chamado missionário esteja relacionado com o mercado gospel, para o tornar excelente?

questionável. A experiência extraordinária do Espírito é fundamental para que uma pessoa se volte para Deus, mas, se toda a sua mentalidade não for convertida, permanecendo em uma realidade afogada no erro e no pecado, ela não terá forças para se manter. Um coração convertido com uma mente mundana é uma contradição. Precisamos ter um coração que também ame a Deus com todo o entendimento. Claro que a culpa não é só nossa, mas muitas vezes o próprio cristão se coloca em uma situação desfavorável, cuja perseguição poderia ter sido evitada.

Um exemplo é o cristão que critica uma ideologia de forma aprofundada, porém não percebe que comete os mesmos erros, só que do outro lado. Conheci irmãos que se converteram de contextos de militância partidária de esquerda, que foram alcançados pela graça de nosso Senhor, porém trocaram um ídolo pelo outro e agora são radicais de Direita. A idolatria chega a tal ponto de acreditarem que sua ideia ou filosofia é a *única* forma de salvação para todos os problemas socioeconômicos que enfrentamos, ou a lente exclusiva que deve ser usada para chegar à verdade.[45] Quando irmãos começam a idolatrar intensamente um projeto político, seja de esquerda ou direita, totalitária ou liberal, o debate se torna infrutífero. Se as pontes do evangelismo se rompem, criam-se disputas que só fortalecem a narrativa do lado contrário. Vi isso ocorrer várias vezes.

Eu já caí nesse engano. No início da faculdade, envolvi-me em vários debates em sala de aula ou nas redes sociais que me tornaram o chato da sala, causando afastamento. Conforme fui lendo sobre outras linhas políticas, conhecendo mais acerca

---

45. Sinceramente acredito que quanto mais pontos de vistas temos para observar e analisar, melhor é a nossa percepção. Enrijecer-se com uma linha de pensamento pode ser mais uma falta de segurança que precisa ser depositada em algum lugar, do que honestidade científica e filosófica.

das filosofias, cosmovisão, teologia e da matéria de sala, pude perceber que muito do que eu defendia era "idolatria" ou, até mesmo, uma "Teolatria". Continuo até hoje pedindo a graça de Deus por aquelas pessoas, para que, de alguma forma, o Senhor possa redimir o que foi perdido com as discussões sem propósito que provoquei. Em alguns casos, tive a chance de pedir perdão, mas em outros peço a Deus que envie alguém para comunicar o evangelho puro e simples que eu não fui capaz de oferecer. Quando penso sobre isso, um texto bíblico me vem à mente:

> Em vez disso, consagrem a Cristo como o Senhor de sua vida. E, se alguém lhes perguntar a respeito de sua esperança, estejam sempre preparados para explicá-la. Façam-no, porém, de modo amável e respeitoso. Mantenham sempre a consciência limpa. Então, se as pessoas falarem mal de vocês, ficarão envergonhadas ao ver como vocês vivem corretamente em Cristo. —1 PEDRO 3:15,16

Precisamos conservar uma boa consciência e atitude, evitando provocar ou levantar discussões sem "mansidão e respeito", mas sem deixar de lado a importância desses assuntos. Devemos responder a razão da nossa esperança pelo bom testemunho e não simplesmente para que nosso cristianismo se adeque à uma ideologia qualquer. Não devemos voluntariamente nos colocar em situações de perseguição.

Obedecer ao evangelho já nos coloca contra o império das trevas e contra nossa carne decaída. Ocupando a totalidade do *kosmos* como filhos de Deus, com amor e sabedoria por meio da nossa vocação, será mais fácil ser cristão no meio de pessoas, sistemas e instituições que pensam, agem e produzem frutos de injustiça. É tempo de trabalhar duro, pensar de forma profunda e agir de forma especializada para que o evangelho não seja visto como um mal na sociedade, mas seja a resposta que todos procuram.

ORGULHO A SER CONFRONTADO

...E não pensem que sabem tudo. —ROMANOS 12:16

Certa vez, fui convidado para pregar na igreja de alguns amigos da faculdade. O tema da mensagem era sobre como podemos conhecer mais a Deus, e o texto base era: "Diante de tudo isso, esforcem-se ao máximo para corresponder a essas promessas. Acrescentem à fé a excelência moral; à excelência moral o conhecimento; ao conhecimento o domínio próprio; ao domínio próprio a perseverança; à perseverança a devoção a Deus; à devoção a Deus a fraternidade; e à fraternidade o amor" (2 PEDRO 1:5-7). Lembro-me de passar um bom tempo lendo e relendo as várias traduções desse texto e, em certo momento, algo me chamou a atenção: que o conhecimento gera autoridade. É comum, sobre alguém que tem conhecimento, declararmos: "ele é autoridade no assunto". Quando temos um problema de saúde específico, consultamos com um médico especialista na área que possua competência e conhecimento para prescrever uma receita que será efetiva no tratamento. Coisa semelhante ocorre quando queremos construir uma casa: primeiro necessitamos do planejamento de um engenheiro e do projeto que *viabilize* a obra. O engenheiro tem o conhecimento para construir uma casa com segurança ou em pouco tempo estará no chão. O ministério universitário não é diferente. Ao se debruçar sobre um assunto, ter experiências ou escrever uma monografia, poderemos ser chamados a responder perguntas, conceder palestras, participar de debates ou até mesmo ser citados em artigos. A autoridade, o conhecimento e a quantidade de leitura não são o problema. A questão é *como* vamos lidar com tudo isso. Podemos usar nosso campo de estudo para o mal, de forma egoísta, ou transformá-lo em algo bom que abençoe todos. O conhecimento aprofundado pode tornar a vida mais fácil, mas é importante tomar cuidado com seus efeitos, acrescentando domínio próprio, para que seus resultados sejam bons. Se agirmos dessa forma, dificilmente nos tornaremos "inoperantes e improdutivos" (2 PEDRO 1:8 NVI). Reconheceremos nosso valor, esforço e capacidade como uma dádiva de Deus, e isso não é orgulho. Orgulho é quando nos consideramos *melhores* ou *maiores* do que os outros.[46] Jesus nos pede para sermos servos, fazendo o caminho oposto do orgulho, ou a autossuficiência já bate à porta.

Fazendo uma analogia com o ato de dirigir um veículo e a nossa vida cristã, constatamos que, no início da aprendizagem, precisamos de um instrutor para nos ajudar. Ao nos acostumarmos com a direção, escutaremos músicas, pensaremos em

---

46. C. S. Lewis chama o orgulho de "O Grande Pecado", pois seria de natureza puramente espiritual e no qual todos os outros pecados são gerados. Defende que devemos retirar o elemento de competição para combater o orgulho.

outras coisas e dirigir se tornará algo automático. Como cristãos, não podemos simplesmente continuar dirigindo nossa vida intelectual automaticamente. Precisamos de Jesus como instrutor o tempo todo. Não devemos dar liberdade ao orgulho. Se não formos servos, nossa experiência na faculdade terá gosto amargo, com uma forte dose de solidão.

POR QUE O NOME UNIVERSIDADE?

> Podia falar com entendimento sobre plantas de toda espécie, desde o grande cedro do Líbano até o pequeno hissopo que cresce nas fendas dos muros. Também tinha conhecimento de animais, aves, répteis e peixes. Reis de todas as nações enviavam seus representantes para ouvirem a sabedoria de Salomão. —1 REIS 4:33,34

Na Grécia Antiga, o conhecimento era transmitido por intermédio de mestres ou anciãos, essa educação durava desde a infância até a adolescência. Era comum que fossem trabalhados assuntos sobre construção civil, como fez Pitágoras e Arquimedes, ou ainda, agricultura, a navegação etc. As reuniões dos filósofos eram debatidas nas ágoras[47] onde os cidadãos gregos conversavam, realizavam peças teatrais ou

---

47. Segundo o dicionário de James Strong: 58 αγορα ágora de ageiro (reunir) 1) qualquer assembleia, especialmente de pessoas 2) o local da assembleia 2a) para debate público, 2b) para eleições 2c) para julgamento 2d) para comprar e vender 2e) para todos os tipos de negócios 3) mercado, rua.

participavam dos cultos aos deuses. O conhecimento e o ofício eram geralmente herdados de pai para filho. Naquele tempo ainda era muito difícil separar a ciência da religião, a ponto de a raiz da palavra grega *theoria* (θέα — *théa*), por exemplo, que significa observar, visualizar, considerar, pensar, especular, e também era uma variação feminina da palavra *Theo* (deus). Teorizar em uma mentalidade grega seria como perguntar: "Como os deuses fizeram isso?".

Alguns anos à frente, no Império Romano, o ensino padrão era mantido por suas famílias (o *paterfamilias*). O aprendizado dos mais jovens era conquistado ao acompanhar familiares políticos, advogados, comerciantes e filósofos em seus locais de trabalho. Não havia uma unidade centralizada de informação, não havia sala de aula dedicada a criar uma teoria ou um método científico. O ensino estava condicionado ao ofício, ao trabalho.

Na Idade Média, os padres se dedicavam a estudar vários assuntos. Partindo da teologia, estudavam desde o ciclo lunar e seu resultado na agricultura, até o lidar com os animais e a mecânica de construir moinhos. Aliás, esse é o propósito da tecnologia: mover coisas mais pesadas com menos esforço, ir para lugares que nossas pernas não poderiam alcançar, ver além do que nossos olhos enxergam, conversar com pessoas que moram longe do alcance da nossa voz, enfim, facilitar a nossa vida. O Universo foi criado pelo Deus de inteligência infinita. Sempre poderemos desenvolver algo de forma excelente através do estudo e da dedicação. Foi dentro desse contexto cristão que nasceram as universidades: espaços abertos ao estudo de todos os possíveis campos do conhecimento, um ambiente para revelar a glória de Deus e Sua sabedoria em cada coisa criada. Tais locais eram os guardiões do conhecimento e, o *kosmos*, seu objeto de estudo. Nada mais coerente do que chamar um lugar assim de universidade. A Universidade de Harvard (EUA), por exemplo, foi criada por cristãos que queriam tornar o mundo um lugar melhor. Eles eram chamados de puritanos, que, fugindo da perseguição dos católicos e anglicanos na Inglaterra, colonizaram os Estados Unidos da América. Na entrada da Universidade de Harvard, existe uma placa com a seguinte declaração (em tradução livre):

> Depois que Deus nos conduziu sãos e salvos para a Nova Inglaterra, e construímos nossas casas, e asseguramos o necessário para nossos meios de subsistência, edificamos locais convenientes para o culto a Deus e estabelecemos nosso governo civil: depois disso, uma das coisas que mais ambicionávamos era incentivar o ensino e perpetuá-lo para a posteridade; temendo deixar um clero ignorante para as igrejas, quando nossos atuais ministros repousarem no pó.

As universidades foram criadas para o aprofundar do conhecimento daquele que "No princípio [...] criou os céus e a terra" (GÊNESIS 1:1). A fé cristã aponta inevitavelmente para o conhecimento de Deus e de toda a Sua criação. É maravilhoso crer em um Deus soberano, poderoso o suficiente para criar toda essa realidade que vivemos. O cristianismo foi fundamental para o desenvolvimento da universidade e da ciência moderna nos moldes como vemos hoje.

Os Reformadores tinham um compromisso com a Educação, pois sabiam que ela é a causa de verdadeiras transformações.

Queriam que todos fossem aptos a ler a Bíblia, livros e o jornal, para que não fossem enganados pelos falsos mestres ou maus governantes. Queriam que todos pudessem descobrir por si próprios um Deus que se revela por meio da Palavra. Mas por que as universidades parecem estar tão contrárias às ideias de seus fundadores? O que pode ter acontecido para elas terem se tornado tão hostis ao evangelho? Veremos agora as influências que tornaram a universidade um local tão pervertido.

O ESPÍRITO DO ANTICRISTO

Digo isso porque muitos enganadores têm ido pelo mundo afora, negando que Jesus Cristo veio em corpo humano. Quem age assim é o enganador e o anticristo. —2 JOÃO 1:7

Na Idade Moderna, muitos filósofos começaram a criar teorias para compreender o mundo. Abandonando a Deus, colocaram uma suposta "Razão Pura" em seu lugar. René Descartes foi quem ajudou a fortalecer essa ideia. Tentando encontrar algo de que não pudesse duvidar, encontrou apenas sua própria consciência. Ao declarar: *cogito ergo sum* ou *penso, logo existo*, conseguiu influenciar toda uma geração, fazendo-os pensar que Deus, a Identidade Humana, o Direito e a Justiça tinham o homem racional como ponto de partida e chegada. Tudo o que fosse melhor explicado era bem melhor aceito, e nós ainda caímos nesse erro. Não demorou muito para que aqueles que não eram "racionais" fossem ridicularizados pela universidade por causa de sua fé e a morte fosse declarada para todos aqueles que tivessem algum desvio na sua racionalidade.[48] Um dos filósofos mais polêmicos foi

Friedrich Nietzsche, que causou uma reviravolta na filosofia. Um dos seus livros que mais me surpreendeu foi o *Ecce Homo* (Ed. Nova Fronteira, 2011),[49] escrito no período em que seus transtornos mentais se agravavam. Considero que esse livro é uma das mais lúcidas expressões do seu ódio ao cristianismo, o qual resume sua opinião sobre seus próprios escritos e sobre si mesmo. Nietzsche afirma ser o "ecce homo" anticristo, tornando-se o opositor máximo de Jesus Cristo.

As ideias de Nietzsche têm inspirado, até hoje, pessoas a viverem de acordo com sua cosmovisão decadente.[50] Repare que o verbo inspirar é de raiz latina *in spirictus* que significa estar "no espírito". Será que não vale a pena nos questionarmos sobre qual é o espírito de que nós estamos cheios? O espírito de Nietzsche se apresenta sob vários nomes no livro (Anticristo, Zaratrusta, Dionísio) e não busca possuir, mas persuadir. Seu poder está na capacidade de reproduzir a si mesmo nas mentes que desejam o erro, que estão cheias de culpa e buscam qualquer método para se livrar dela. Por ser mais teórico, ama

---

48. A Finlândia é um exemplo disso: consideraram crianças com síndrome de Down menos "humanas" por não terem a razão igual a uma pessoa sem essa anomalia genética e abortaram mais de 70% delas (fonte: yle.fi). O aborto é o pior exemplo da confusão moderna entre racionalidade (ou afetividade) e humanidade. Há poucas crianças com Síndrome de Down na Finlândia. Isso é uma atrocidade feita pelo ideal moderno proposto por Descartes que sequer causa comoção, pois entendem como justo ou até mesmo como um direito matar em nome da racionalidade. Algumas estimativas relatam que em 2016 apenas seis crianças nasceram com síndrome de Down da Finlândia, mas que o percentual de abortos após o diagnóstico beira 100%. É falsa a notícia que a Finlândia acabou com a síndrome de Down em seu território, mas isso não deixa dúvidas que a situação é tão preocupante quanto se isso fosse verdade.

49. Ecce Homo significa "Este é o Homem". É uma referência à frase dita por Pôncio Pilatos em Lucas 23:4.

50. A Cosmovisão de Nietzsche também é chamada de Niilismo, em que Nihil no latim significa "nada". É a completa ausência de sentido, negação de tudo cujo ponto de partida é o nada e o ponto de chegada é o que quiser ou coisa alguma.

fazer testes para chegar às mais variadas conclusões, distorcendo a compreensão e o coração. As doutrinas que surgem de seus "pequenos-anticristos" produzem ceticismo, materialismo, desconstrução de gênero, fundamentalismo ideológico e práticas que, ao invés de resolverem problemas, pioram ou dão uma falsa sensação de que algo foi feito. Nietzsche torna corações em "super-homens"[51] tão degradados e opostos ao evangelho que suas cópias encontram seu lugar de existência além do bem e do mal. Resumindo: as mentes "nietzschianas" não estarão satisfeitas em aceitar qualquer verdade além de si mesmas.

Fico preocupado, pois já vi pessoas pensando e agindo exatamente como Nietzsche. Seu ventre, vísceras e impulsos devem ser satisfeitos, mesmo os mais degradantes, imorais e perniciosos. O curioso é que Deus declarou o mesmo à serpente em Gênesis: "Uma vez que fez isso, maldita é você entre todos os animais, domésticos e selvagens. Você se arrastará sobre o próprio ventre, rastejará no pó enquanto viver" (3:14). A serpente rasteja, come pó, se retorce sobre seu próprio ventre e se acha bem-aventurada, quando na verdade está amaldiçoada. Curiosamente aqueles que incorporaram o espírito do anticristo vivem igual à serpente, trocando seu valor por qualquer pó da Terra, rastejando-se e se contorcendo sobre suas próprias vontades. O espírito do anticristo quer confundir mentes e aprisionar vontades.

Penso que Paulo tinha isso em mente ao escrever em sua carta aos filipenses: "Pois, como lhes disse muitas vezes, e o digo novamente com lágrimas nos olhos, há muitos cuja conduta mostra que são, na verdade, inimigos da cruz de Cristo. Estão

---

51. Übermensch é o ideal de humanidade de Nietzsche que matou Deus e se sentou em Seu trono.

rumando para a destruição. O deus deles é seu próprio apetite. Vangloriam-se de coisas vergonhosas e pensam apenas na vida terrena" (3:18,19). Precisamos estar cientes de como a sabedoria desse sistema pecaminoso de pensamento, que assola o mundo, é perversa e sua aplicação é a destruição. Paulo nos mostra em Colossenses 2:8,9 que até nós cristãos precisamos tomar cuidado para não cair nessa escravidão: "Não permitam que outros os escravizem com filosofias vazias e invenções enganosas provenientes do raciocínio humano, com base nos princípios espirituais deste mundo, e não em Cristo. Pois nele habita em corpo humano toda a plenitude de Deus". O desafio da missão universitária é que, na carteira ao lado, não teremos um ser livre para se autoanalisar em seus próprios fundamentos, mas alguém cujo coração processa a vida de forma anticristã. O objetivo mais urgente dessa missão é retirar os corações e mentes da prisão do anticristo para que possam perceber a dimensão do mal que estão fazendo para si mesmos e para os outros. Se falharmos, estaremos reforçando ideias satânicas que têm sido definidas como ciência e até aceitas como entretenimento na cultura popular. Um exemplo da influência do Anticristo na nossa sociedade é o famoso cantor e compositor Raul Seixas. Repare na letra de um de seus maiores "hits", *Metamorfose ambulante*:[52]

Prefiro ser essa metamorfose ambulante / Do que ter aquela velha opinião formada sobre tudo / Eu quero dizer agora o oposto do que eu disse antes / Eu prefiro ser essa metamorfose ambulante / Do que ter aquela velha opinião formada sobre tudo / Do que ter aquela velha opinião

---

52. Raul Seixas / Raul Santos Seixas. Letra de Metamorfose ambulante © Warner/Chappell Music, Inc.

formada sobre tudo / Sobre o que é o amor / Sobre o que eu nem sei quem sou / Se hoje eu sou estrela, amanhã já se apagou / Se hoje eu te odeio, amanhã lhe tenho amor / Lhe tenho amor / Lhe tenho horror / Lhe faço amor / Eu sou um ator / É chato chegar a um objetivo num instante / Eu quero viver nessa metamorfose ambulante / Do que ter aquela velha opinião formada sobre tudo.

Raul Seixas não era nenhum ignorante. Apenas propagou as filosofias de Nietzsche, Hegel e Heráclito de Éfeso, que são a coluna vertebral do anticristo. Historicamente, Heráclito de Éfeso acreditava que "tudo flui", que nada *é*, mas tudo *está*. Para ele, ao olhar um copo de vidro, nunca poderíamos dizer que *é* um copo, mas que *está* um copo de vidro, pois tudo é transitório, está sempre em mutação.[53] A essa eterna mudança chamou Devir. Hegel, outro filósofo que seguiu o entendimento de Heráclito, disse que "O princípio do mundo moderno é a liberdade da subjetividade".[54] Ao romper com os últimos freios morais (Deus, Igreja), então podemos ser livres para ser o que queremos. A liberdade seria o novo deus. Raul Seixas entendeu que poderia aplicar essa ideia na cultura brasileira e conseguiu com muito sucesso, pois ainda pedem "Toca Raul!".

No entanto, como foi a morte destes homens? Heráclito morreu imerso em estrume de vaca,[55] por acreditar que isso o

---

53. A "Tudo flui e nada permanece, tudo dá forma e nada permanece fixo. Você não pode pisar duas vezes no mesmo rio, pois outras águas e ainda outras, vão fluir." Herácrito de Éfeso, em Steven Savitt, Being and Becoming in Modern Physics, Stanford Encyclopedia of Philosophy, 3/9/2013.

54. HEGEL apud WOLTERSTORFF, N. From Liberal to Plural. Kampen, Uitgeverij Kok, 1995.

55. SOUZA, J.C. de (organizador) Os pensadores pré-Socráticos. São Paulo: Editora Nova Cultural Ltda, 1996 p.82.

curaria de sua doença; Hegel morreu por causa de um surto de cólera que ocorreu na Alemanha; Nietzsche morreu louco por degeneração mental causada por uma doença sexualmente transmissível: sífilis; Raul Seixas morreu bêbado. A morte de vários outros filósofos que seguem essas ideias como Foucault, Simone de Beauvoir, Jean Paul Sartre também envolvem contextos de uso de drogas e perversão sexual, inclusive na defesa de pedófilos franceses. O que me faz crer, seriamente, que quem busca conformar seu próprio coração ao do anticristo experimentará morte semelhante a Heráclito: afogado em imundícias. Infelizmente, essas ainda são as mentes que mais poluem o conhecimento da universidade. Temos que mudar isso urgentemente. Somos filhos de Deus, criados à Sua imagem e semelhança. Eu prefiro ter aquela velha opinião formada sobre tudo, do que ser uma metamorfose ambulante. Eu prefiro a velha opinião de Deus sobre o amor, a ciência, a sexualidade, o trabalho, a família e sobre o que é certo e o que é errado. Não quero ter uma vida de frutos instantâneos e de perdição eterna, sem um norte, sem um padrão. Fomos chamados para deixar um legado eterno, para que possamos construir, edificar e alargar as tendas de um reino que está dentro de nós para todo o *kosmos*. Como lutaremos contra o espírito do anticristo? Seu exorcismo está no próprio campo em que o Anticristo resolveu lutar: na universidade e na cultura. Ser como Jesus nas pesquisas acadêmicas, artigos científicos, nas artes ou no trabalho em geral, demonstrando que as conclusões do Anticristo (e dos seus filhos), por mais persuasivas que sejam, simplesmente não levam a lugar algum (caminho), não têm honestidade (verdade) e só trazem destruição e morte (vida). Na luta contra o Anticristo, a verdade é a nossa maior arma. Manifestar a verdade de Cristo em todas as áreas é destruir a sustentação dos altares do anticristo.

Quando lemos na Bíblia sobre os rins, é um termo que se referem também às "vísceras", ventre, estômago. Prefiro o termo vísceras, pois é uma tradução que revela a intensidade que Deus quer nos passar no texto. Eu tinha medo que dedicar a vida para Deus fosse simplesmente destruir qualquer impulso do meu coração ou das minhas vísceras. Pensava (de acordo com o anticristo), que o evangelho era igual a uma prisão fria e triste que trancaria meus desejos a sete chaves, forçando-me a viver em gratidão pelo pouco e insuficiente tempo de vida que Deus me oferecia, tendo que aguentar pacientemente até o dia que morresse e pudesse então morar no Céu. Achava que minhas vísceras estavam tão podres que seriam completamente descartadas por Deus. Enganei-me, pois o Senhor tem um plano de redenção para elas também. Quando o profeta Jeremias fala da parte de Deus: "Eu, o SENHOR, examino o coração e provo os pensamentos. Dou a cada pessoa a devida recompensa, de acordo com suas ações" (JEREMIAS 17:10), ele não está negando nossos impulsos e vontades, mas revelando que a forma que lidamos com elas terá consequências. A Palavra da verdade nos diz que "Vestirá a justiça como um cinto e a verdade como uma cinta nos quadris" (ISAÍAS 11:5) e que "Sentirei profunda alegria quando seus lábios expressarem o que é certo" (PROVÉRBIOS 23:16). Na luta contra o Anticristo, a fidelidade a Deus direcionará e guardará nossas vontades, que se alegrarão diante da Sua verdade. O consolo de Deus é o que está registrado em Isaías: "Com alegria vocês beberão das fontes da salvação" (12:3). A alegria de viver biblicamente lança questionamento àqueles enganados pelo anticristo. A prosperidade bíblica, que não se resume ao aspecto financeiro, retira a força do erro. No começo, os incrédulos ficarão indignados, mas a curiosidade deles pela verdade é o início da falência da mentira. Podemos enfim apresentar Jesus a um coração que percebeu que seguir o curso deste mundo não o está ajudando. Fiquei muito reflexivo quando li uma frase do teólogo Karl Barth que dizia: "A Lei é a forma, e a Graça é o conteúdo".[56] Andar dentro dos limites dos mandamentos de Deus nos faz usufruir das riquezas da Sua graça em um relacionamento pessoal com Jesus. Sair desses muros de segurança (Lei) é aprofundar-se no engano de acreditar que encontramos graça onde ela não está. Adicione alegria à verdade, aplique a verdade ao *kosmos* e então veja a falência do espírito do anticristo.

---

56. BARTH, K. Dádiva e louvor. 3.ª Ed. Sinodal, Rio Grande do Sul, 2006.

CORPO DISCENTE

Não existe amor maior do que dar a vida por seus amigos.
—JOÃO 15:13

A porta de entrada da missão universitária são os colegas e amigos que serão feitos durante o curso. No mundo acadêmico, o companheirismo de ajudar a estudar para as provas, de ser um ouvido no dia mau, de abrir a sua casa para recebê-los em alguma ocasião especial é a melhor forma de testemunhar de Jesus. Existem várias formas de evangelismo hoje: de rua, de impacto, de massa etc. Todas essas formas de evangelismo são geralmente mais adequadas para momentos específicos.

Na universidade, somado a essas formas, despertar a curiosidade dos colegas a ter um testemunho bem posicionado, consciente, sendo observado no dia a dia de sala de aula, com amor e serviço excelentes são sementes lançadas que no devido tempo serão colhidas. Conviver com os colegas pode gerar conflitos, afinal somos humanos, mas, se estivermos dispostos a não sermos orgulhosos, mas prontos a servir, podemos, pela graça de Jesus, transformar a forma de nos relacionarmos com as pessoas.

Seremos muito tentados a fazer tipos de evangelismo que nos fazem ceder ao participar de eventos sociais, festas ou *happy hours* e, pelo peso de uma obrigação, as pessoas iriam à igreja. O problema é que isso nunca funcionou comigo. No início da faculdade, fui a shows de bandas de colegas de sala cujo único pretexto era "prestigiar" na expectativa de que depois eu pudesse convidá-los para irem ao culto. Estudando Filosofia, esse procedimento mais se assemelha a uma dialética por "tentar encontrar uma síntese", do que um posicionamento genuinamente cristão. Não percebemos o poder que o testemunho cristão pode ter. O nosso posicionamento afeta diretamente as convicções das pessoas que, inconscientemente, anseiam pela manifestação dos filhos de Deus. Quando você se posicionar firmemente, elas no início buscarão por hipocrisias a fim de desqualificá-lo, chamá-lo de radical, mas você será a primeira pessoa que elas procurarão em uma situação problemática e no final ainda o agradecerão. Não participar de certos ambientes, nem "dar um jeitinho", não colar e nem aceitar posturas questionáveis produzem um impacto direto nas pessoas, de modo a refletirem sobre si mesmas. O testemunho cristão conduz o incrédulo a tomar uma decisão de se arrepender e querer mudar ou de seguir seu rumo.

O primeiro desafio do cristão que entra na faculdade é encontrar amigos cristãos. A primeira dica é procurar por grupos cristãos; falarei sobre a importância dos grupos mais adiante. Devemos ter coragem de perguntar nos grupos da faculdade nas redes sociais se há cristãos por ali. Várias igrejas hoje têm, no ministério de jovens, trabalho com universitários. Uma pesquisa rápida e você poderá descobrir muita gente no *campus* de batalha. Usar camisetas "gospel" ajuda a identificar crentes e ser encontrado também. Conheci um grande amigo simplesmente porque usei uma camiseta de uma banda cristã que ele também gostava.

Naturalmente somos seres sociáveis. Muito tempo de convivência gera identificação, trejeitos, cacoetes e hábitos comuns. Se ficarmos muito tempo sozinhos na universidade sem amigos cristãos, poderemos parecer com as pessoas daquela sala sem nos darmos conta disso. O poder espiritual do hábito é assustador. Não devemos nos esquecer que somos peregrinos nesta Terra. Fomos chamados para influenciar e não nos moldarmos ao pecado.

Outro desafio é se engajar na vida acadêmica. Muitos pensam que a faculdade é mero trampolim para a carreira profissional e deixam de tornar esses poucos anos em uma experiência de marcas eternas. Cursar a universidade da forma de Deus, nos ensina a importância dos processos. Ser colega dos não crentes não é um pecado e não devemos ter uma postura separatista do tipo "nós e eles". Cabe ao aluno saber de suas próprias limitações e manter a distância apropriada. Precisamos respeitar posicionamentos diversos na faculdade. Muitas vezes as críticas ao evangelho e à igreja serão agressivas, maliciosas e, na grande maioria, mentirosas. Fundamentados no que não sabem, reproduzem frases de efeitos que aprenderam em algum lugar. Quando isso acontecer entre os colegas, alguns versículos são essenciais para nos encorajar:

> "Feliz é aquele que não segue o conselho dos perversos, não se detém no caminho dos pecadores, nem se junta à roda dos zombadores." —SALMO 1:1

"É falta de bom senso desprezar o próximo; a pessoa sensata permanece calada." —PROVÉRBIOS 11:12

"O conselho oferecido na hora certa é agradável como maçãs de ouro numa bandeja de prata." —PROVÉRBIOS 25:11

Saber o que falar, como responder, em amor, é difícil, mas não impossível. Deus tem a capacidade maravilhosa de usar pessoas quebrantadas para tocar corações sedentos. Em sala de aula é interessante tirar boas notas e ser o aluno mais dedicado. As pessoas naturalmente se aproximam para aprender, para que possam "se salvar" antes das provas. Ser o aluno querido da sala, por ter toda a matéria no caderno, por saber explicar de forma simples, além de ajudar o outro a aprender aquela matéria, pode trazer gratidão àquele ambiente. Fiz amigos nessas situações, pois o debate pode enveredar para algum assunto religioso ou até mesmo de aconselhamento e evangelismo.

O PROBLEMA DA INTIMIDADE

> Finalmente, irmãos, pedimos e incentivamos em nome do Senhor Jesus que vivam para agradar a Deus, conforme lhes instruímos. Vocês já vivem desse modo, e os incentivamos a fazê-lo ainda mais... —1 TESSALONICENSES 4:1

Quando comecei a escrever este livro, deixei apenas um parágrafo que recomendava: "evite namorar no período acadêmico", pois, caso não dê certo, não terá que encarar o(a) abençoado(a) todo dia em sala de aula. Porém, entendi que precisava tratar com seriedade esse assunto. Vi muitos cristãos que não se importavam com Filosofia ou Política, mas eram tentados emocional ou sexualmente. Um rostinho bonito pode ser mais perigoso do que uma ideologia europeia. Percebi que o roteiro se repetia com frequência, pois, depois de pecarem, procuravam por ideologias para sua justificação,[57]

---

57. Refiro-me à justificação como expiação do pecado e da culpa. O vazio que existe no coração do incrédulo pela ausência de Deus não retira a sua necessidade de encontrar meios para se libertar do peso do pecado. Alguns procuram em ideologias, outros em religiões e outros na busca por aceitação em algo transitório, como jogos, festas, bebidas e outras drogas.

com o objetivo de fugir da culpa que sentiam. Poderão pensar que sou muito puritano pelo que abordarei a seguir, mas o que vi na universidade sobre o assunto não me deixa com dúvidas de que "é melhor prevenir do que remediar".

Quando eu era adolescente, tive grupos de amigos da igreja com o propósito de estimular a santidade uns dos outros, confessando tentações e pecados, orando uns pelos outros, competindo para ler mais livros. Sou grato a Deus por ter vivido uma adolescência diante do Senhor, pelo cuidado (e as broncas) da igreja. Porém, na faculdade, as tentações se intensificam na área sexual. Vi colegas que achavam normal "ficar" com alguém, não demorando para terem uma vida sexual ativa, começando a participar de festas das associações atléticas, usar alguma droga "para relaxar", chegando ao ponto de investigações criminais, prisão e dependência de antidepressivos. Não dá para pegar leve sobre a relativização da ética sexual.

Em nossa cultura, lemos pouco e não nos damos conta do alerta do teólogo e filósofo Willian Lane Craig que, se não nos interessarmos por filosofia, seremos facilmente dominados por ela. Também estamos, diariamente, imersos numa sociedade de consumo, na qual a sexualidade é instigada em propagandas pela TV e internet, pela linguagem obscena do cotidiano que captam nossos impulsos para aprisioná-los. Temos dificuldades em nos posicionar e geralmente culpamos os outros pelos nossos próprios pecados. Porém, pelo que está escrito no livro de Lamentações, devemos entender nossa responsabilidade: "Então por que nós, humanos, nos queixamos quando somos castigados por nossos pecados?" (3:39). É como quando você vê uma criança aprontando e a questiona, naturalmente ela dirá que não foi ela ou colocará a culpa em outro. A maturidade cristã é fazer o caminho oposto; assumindo nossas culpas e pecados. Confessar e fortalecer nossos joelhos em oração, para assumir a responsabilidade não apenas dos nossos próprios atos, mas da nossa família, igreja e sociedade. O problema é que aos 18 anos já somos considerados adultos, mas nossa maturidade ainda não está plenamente desenvolvida.

Precisamos cuidar do nosso testemunho cristão, evitar o pecado e isso envolve a forma como nos relacionamos na universidade, pois revela o valor que damos às pessoas e a nós mesmos. Se não nos valorizarmos, como faremos os outros acreditarem que vale a pena se valorizar?

Se não tomarmos cuidado ao nos relacionarmos com o sexo oposto, como provaremos que meras conversas não são sinônimo de desejar "algo a mais"? Já caí nessa enrascada. Certa vez, aceitei carona de uma colega de turma, que morava no caminho da minha casa. Eu tinha as desculpas adequadas: era um dia chuvoso, eu estava sem dinheiro, a pé e ainda com o celular descarregado. Mas, ao chegarmos perto da minha casa, em uma esquina, ela tentou me seduzir, o que me fez sair correndo na chuva. Eu poderia ter estragado em minutos o que demorei anos para construir no Senhor. Fugir da aparência do mal nas amizades é um bom ponto de partida.

Uma coisa deve ser esclarecida: não existe amizade *íntima* entre homens e mulheres solteiros! A mulher foi feita para o homem e vice-versa, o coração é enganoso e a mente é fértil. O excesso de aproximação é a causa de tantos sentimentos despertados na hora errada, adultérios e gestações indesejadas. Se você deseja ser santo, não fique sozinho com o sexo oposto, mas, se precisar conversar com alguém, faça isso num espaço público como a cantina. É cada vez mais difícil se relacionar quando sua mente estiver cheia de pornografia e pensamentos que não foram levados cativos a Cristo. As consequências do pecado de *porneia* impedem um namoro santo, reprogramam seu cérebro para ver besteira em qualquer canto, torna o outro um mero objeto, destrói a autoestima do cônjuge, causa dependência e uma culpa desgraçada.

É bom lembrar que "ficar" com alguém para dar uns beijos é o cúmulo da irresponsabilidade, um atestado de carência e infantilidade. É falta de compromisso com o outro, seus pais, líderes, pastores, por ofertar carinhos e doçuras no tempo e modo errados. É excluir por vontade própria os sonhos e as promessas de Deus na sua vida, cedendo aos impulsos mais básicos sem os freios da Palavra. É dizer aos quatro cantos da Terra que a Bíblia não é suficiente. É jogar o valor próprio e a fé no lixo. Não existe hipótese de namoro missionário![58] É apenas sofrimento desnecessário, de pecados com consequências irreversíveis, de discussões feitas em bases morais diferentes, enfim, jugo desigual é pecado[59] e é um rombo emocionalmente destruidor.

Em 1 Tessalonicenses 4:1-8 temos o nome desses pecados: imoralidade sexual, desde o nível mais sério da prostituição (v.3) até o mais inconsequente de defraudar o seu irmão (v.8). Não é difícil fazer o certo, pois é só evitar lugares e pessoas que façam mal para a sua santidade, abolir conversinhas privadas nas redes sociais, evitar curtir fotos ou seguir pessoas e assuntos que o instiguem ao pecado. Alguns acham radical demais essa postura, mas o cristianismo é radical, pois radical vem da

---

58. Namorar com incrédulos, jugo desigual com o propósito de levá-los à Jesus.

59. "Não se ponham em jugo desigual com os descrentes. Como pode a justiça ser parceira da maldade? Como pode a luz conviver com as trevas?" (2 Coríntios 6:14).

palavra *radix*, "raiz". Se coloco os princípios bíblicos na minha raiz, meus frutos serão bíblicos.

Gosto do que o avivalista Leonard Ravenhill disse em uma de suas pregações: "Muitos pastores me criticam por ter tomado o Evangelho tão a sério. Mas será que realmente pensam que, no Dia do Julgamento, Cristo vai castigar-me, dizendo: 'Leonard, você me levou muito a sério'?".[60] Não vejo outra forma de conseguirmos nos aprofundar no relacionamento com Deus, experimentar o poder do Espírito Santo e transformar a nossa realidade, que não seja na base do arrependimento pessoal, o qual pela graça nos capacita a viver o padrão da lei moral de Jesus. Os que criticam essa posição não entendem a *proteção* das leis de Deus, muito menos que santidade é alegria.[61] Agindo assim, inevitavelmente despertará a curiosidade de alguém que também se guarda de forma excelente para o casamento. Se você evita posturas questionáveis como solteiro, por que acha que depois de casado será diferente? É melhor ser chamado de fiel, chato, Caxias e até de grosseiro, do que de namorador, imoral ou adúltero.

No final da faculdade, você perceberá como ter se guardado trará menos problemas para resolver. Por isso, antes de nos relacionarmos amorosamente com alguém, devemos:

1) Saber qual é o nosso chamado, pois quem não sabe o que quer, não sabe para onde vai;

---

60. RAVENHILL, L. Por que tarda o pleno avivamento? São Paulo: Editora Betânia, 1.ª Ed, 1989.

61. "Mantenhamos o olhar firme em Jesus, o líder e aperfeiçoador de nossa fé. Por causa da alegria *que o esperava*, ele suportou a cruz sem se importar com a vergonha. Agora ele está sentado no lugar de honra à direita do trono de Deus" (Hebreus 12:2 NVT — ênfase adicionada).

2) Não tomar decisões baseadas na carência, pois a fé e o amor são decisões que podem levar em conta os sentimentos, mas são baseados na Palavra de Deus; e

3) Orar em secreto para saber se o sentimento é genuíno. Um período prolongado de oração é recomendado para acalmar o coração, com aconselhamento dos pais e da liderança.

Recomendo que procure não namorar durante o curso, pois é tempo de gastar suas energias estudando e se dedicando a conquistar espaço no mercado de trabalho. Quando chegar o tempo de namorar, que possa ser custeado com recursos próprios e tenham assuntos como casa, carro, casamento, ministério etc. Se falamos de videogame e pedimos dinheiro para pagar o sorvete, isso apenas revela que não estamos prontos para um relacionamento sério.

ESTÁGIO PROFISSIONAL

Confie ao SENHOR tudo que você faz, e seus planos serão bem-sucedidos. —PROVÉRBIOS 16:3

O estágio é uma forma de ganhar experiência profissional na área que você estuda, como voluntário ou assalariado. Ao entrar na universidade, recomendo que os dois primeiros anos do curso sejam destinados exclusivamente ao estágio para aprender os meandros da profissão que não são ensinados em sala de aula. Estagiar ou trabalhar na área de estudo incorpora o conteúdo na mente. Da mesma forma que fé sem obras é morta, teoria sem prática é somente especulação.

Aprendi isso durante meu curso de Direito, que iniciou com uma forte carga filosófica, mas terminou com matérias práticas. Por ter passado em um concurso público no início da faculdade, tive pouco conhecimento prático do Direito. Em compensação, um colega que fazia estágio desde o início da faculdade passou na OAB com facilidade. Alguns estagiam sem receber salário em grandes escritórios ou repartições públicas e, pelo seu excelente trabalho, são efetivados ou conseguem cargos de confiança. Saber usufruir do estágio apropriadamente é a porta que o ajudará a alcançar seu objetivo profissional, complementar o conteúdo de sala e revelar suas aptidões, pois pode ser que naquele estágio você se apaixone por um trabalho específico e descubra nele a sua vocação.

O CORPO DOCENTE

Por que não ouvi meus mestres? Por que não dei atenção aos que me instruíam? —PROVÉRBIOS 5:13

O relacionamento com professores é essencial para melhor aproveitamento dos assuntos tratados em sala de aula. Alunos dedicados que desenvolvem um dom de Deus em alguma área específica chamam a atenção dos professores e têm grande chance de serem recomendados para algum trabalho relacionado ou para a publicação de artigos em revistas especializadas. Em contraste, caso você tenha sérias dificuldades em alguma matéria, e mesmo com esforço não obtenha sucesso, converse com o professor, pois ele poderá ajudá-lo de forma mais direta ao ver a sua dedicação em superar limites. Ademais, os professores devem ser respeitados. Independentemente de sua posição política ou ideológica, devemos tratar todos com respeito. Vivemos em um tempo que pode ser caracterizado pela doutrinação sistemática de cosmovisões contrárias à fé cristã. Prestar atenção nas ponderações e não prejudicar o andamento da aula será fundamental para que não sejamos perseguidos sem motivo ou venhamos repetir a matéria por uma discussão com o professor.

Em um semestre, na matéria de Direito das Coisas (esse é o ramo do Direito que trata do direito de propriedade e de posse), fomos ministrados por um professor comunista. Em sala demonstrava sua clara opinião pelo fim da propriedade privada, pois sua cosmovisão era marxista. Mas o professor demonstrou grande conhecimento da matéria e não desqualificou as outras linhas. Ele apenas demonstrou a sua preferência ideológica. Porém, isso não o impediu de ensinar entendimentos diferentes dos seus, nos dando uma visão ampla do tema, sendo bem profissional. Alguns alunos ficavam na expectativa de que eu o criticasse, mas eu não interrompi a aula nenhuma vez. Outra situação ocorreu durante a matéria de Antropologia. A professora também professava uma ideologia marxista, porém era combativa e desqualificava as outras linhas, falando mal da Igreja Evangélica e Católica. Um dia, essa professora começou uma aula falando do malefício dos dogmas e imposições da Igreja ao defender verdades absolutas. Na época eu tinha lido o livro *Não tenho fé suficiente para ser ateu* (Ed. Vida, 2019), de Norman Geisler, no qual ensina a tática do "papa-léguas", que consiste em você testar o argumento de uma frase pelo próprio conteúdo do argumento. Quando a professora falou que não existiam verdades absolutas, eu rapidamente levantei a mão e perguntei: "Com licença, professora. Se não existem verdades absolutas, você está absolutamente certa disso que está falando?". Instalou-se uma tensão na sala, a professora ruborizou e pediu que eu explicasse o meu entendimento sobre o assunto, e nesse momento tive a oportunidade de defender que: a) as leis físicas, morais e sociais têm consequências de ação e reação;

b) que a religião cristã tinha criado a universidade nos moldes que temos hoje; c) que a liberdade das sociedades ocidentais cristãs abriram espaço para até quem fosse contrário à fé cristã pudesse lecionar, como aquela professora. No final da aula, alguns alunos ateus e outros curiosos me fizeram perguntas sobre a fé, e pude testemunhar de Jesus. Tudo isso aconteceu sem agressão verbal, apenas no debate de ideias, e, ao questionar uma frase de efeito, tive a oportunidade de mostrar uma perspectiva diferente. Por causa dessa e outras intervenções, de forma respeitosa, tive um bom retorno por parte dos colegas, e posteriormente alguns começaram a participar dos grupos de oração e estudo bíblico que fazíamos nos intervalos. Nada impede de questionar, inquirir ou debater com os professores, mas devemos estar dispostos a receber elogios ou críticas, com coragem de saber pedir perdão pelos nossos erros e dos que foram cometidos em nome do evangelho. Todo cuidado é pouco na forma de tratar os professores, até porque os resultados podem ser desagradáveis. Esteja sensível à voz de Deus para se comportar de modo conveniente quando a fé cristã estiver sendo criticada em sala de aula.

Quando, em 1 Pedro 2:13-18,[62] somos advertidos a nos submetermos às autoridades, tanto às boas quanto às ruins, não significa que devemos nos submeter de forma ignorante, acrítica e passiva. Podemos entender o nosso lugar de aluno ao

---

62. *"Por causa do Senhor, submetam-se a todas as autoridades humanas, seja o rei como autoridade máxima, sejam os oficiais nomeados e enviados por ele para castigar os que fazem o mal e honrar os que fazem o bem. É da vontade de Deus que, pela prática do bem, vocês calem os ignorantes que os acusam falsamente. Pois vocês são livres e, no entanto, são escravos de Deus; não usem sua liberdade como desculpa para fazer o mal. Tratem todos com respeito e amem seus irmãos em Cristo. Temam a Deus e respeitem o rei. Vocês, escravos, submetam-se a seu senhor com todo o respeito. Façam o que ele mandar, não apenas se for bondoso e amável, mas até mesmo se for cruel"* (1 Pedro 2:13-18).

apresentar o nosso rosto na esfera pública, que a universidade é o local para o embate de ideias, e que como cristãos temos boas ideias nesse mercado intelectual. A Bíblia nos diz que "não temos que lutar contra a carne e o sangue" (EFÉSIOS 6:12 ACF) e não devemos atacar as pessoas, mas questionar a estrutura inconsistente e apodrecida de pensamento.

Quero reforçar a consequência do pecado da mentira de "ir só para pegar chamada". É um péssimo testemunho para um professor que observa essas coisas. Tratar o professor com atenção, sentar na primeira carteira e conversar após a aula com dúvidas específicas não só colaboram com seu aprendizado, mas são uma forma de honrar. Os professores acadêmicos, em sua maioria, são mestres, e ver um aluno dedicado na sua área de ensino é algo que cria empatia. Devemos aproveitar isso ouvindo e aprendendo com nossos mestres tudo o que eles nos oferecem a fim de não termos problemas desnecessários na profissão. Tive um professor que sempre falava com muito respeito de um ministro do Supremo Tribunal Federal. Fui descobrir que o ministro foi orientador do doutorado do meu professor. Não sabemos o que nos espera no futuro. Por isso, semear honra e bondade é tão importante.

DIRETÓRIO ACADÊMICO

> Trabalhem pela paz e pela prosperidade da cidade para a qual os deportei. Orem por ela ao SENHOR, pois a prosperidade de vocês depende da prosperidade dela.
>
> —JEREMIAS 29:7

Diretório Acadêmico é a porta de entrada para o mundo político. A capacidade de organizar pessoas, lutar para conseguir benefícios para os estudantes ou melhorias estruturais ou trazer pessoas para palestrar na universidade é um sinal que a pessoa que adentra nos Diretórios Acadêmicos tem algum dom político ou de misericórdia. Isso não é pecado. A esfera política, apesar de ser tão desacreditada, é um aspecto da nossa vida que não pode ser simplesmente deixado de lado. Existem pessoas que têm vocação para a política, porém devem saber a quais perigos estarão expostas e quais tentações elas sofrerão nesse campo. Apesar dos partidos políticos estarem atentos às universidades sedentas por novas lideranças (ou militantes acríticos), os Diretórios Acadêmicos possuem uma grande capacidade de realizar ações para que a própria universidade tome providências em relação a algum problema. Eu tive uma relação bem intensa com diretórios e executivas municipais de alguns partidos políticos, a ponto de viajar para várias cidades no início da faculdade, participando de debates sobre políticas para juventude. Foi nessa época que eu estava tão empolgado com a política, que meu pai me alertou que ela estava tomando o lugar no meu coração que deveria ser apenas do Senhor. Eu fiquei pensativo quanto a isso. Pouco tempo depois, um colega cristão me confrontou, durante uma conversa, em relação à maneira como eu lidava com a política. Ao levar essa questão ao pastor Farley Labatut, pastor de jovens da Comunidade Alcance de Curitiba, Deus falou através dele, revelando que muito do meu apreço político era medo de confiar na provisão de Deus. Entendi que não devemos tomar decisões baseados no medo ou na empolgação, mas somente pela fé em Cristo. Vi o cuidado de Deus quando me voltei para a política de modo inconsequente. É fácil se impressionar pelo poder por ser parte de uma mudança social. Portanto, todo cuidado é pouco, pois, em um Diretório Acadêmico, inevitavelmente encontrará assessores de políticos, contatos para muitas situações que podem fazê-lo cair em algum erro. Nós cristãos temos que resgatar a esfera política, mas de forma sábia, coerente e santa.

CRIANDO UMA CHAPA

Os alunos devem ter em mente qual é o papel dos Diretórios Acadêmicos em suas faculdades. Se estes têm propagado agendas que desviam dinheiro para campanhas políticas, em prol de alunos candidatos, que promovem festas regadas a drogas e imoralidade sexual, ou ainda realizam palestras sem debate, por defenderem algum viés ideológico específico, está na hora de mudar tal estrutura! É necessário que se trabalhe para encontrar pessoas que estejam descontentes com essa situação e juntos busquem criar uma chapa para concorrer às eleições do diretório. A prioridade é encontrar alguém que tenha controle emocional, seja resguardado e saiba falar em público para liderar o grupo. Em uma chapa, há muitos cursos, pessoas, ideias, grupos sociais pressionando para que suas pautas sejam atendidas. Cada um poderá contribuir de forma específica, e o líder deverá estar atento a isso. A diversidade não é necessariamente sinônimo de anarquia, mas sempre existe esse perigo. Se isso ocorrer, a antítese foi perdida no Diretório Acadêmico. Dentro das assembleias ou no processo, o prazo é o instituto mais importante. Pergunte a qualquer advogado o que significa perder um prazo que você entenderá. Portanto, atenção às datas e aos prazos dos editais. O edital contém todo o procedimento, os pré-requisitos para que ocorra o processo de eleição, assim como o número mínimo de pessoas que deverá compor a mesa executiva etc. Isso requer que você leia todo o edital. Se conhecer bem o processo, você poderá impedir administrativamente que pautas avancem sem necessidade de debater o assunto. Muitas pautas dos alunos são direitos comuns a todos e não há problema aumentar o coro com grupos não cristãos para pressionar as universidades, empresas ou o Estado para melhorar a iluminação pública nos arredores, ir atrás de investimentos etc. Essas pautas produzirão resultados favoráveis para todos. O nome disso é cobeligerância. O líder do grupo deverá ser astuto para, nas demandas da faculdade que sejam favoráveis a todos, lutar conjuntamente com incrédulos para que isso ocorra. Quando uma pauta for desfavorável não apenas ao evangelho, mas aos próprios alunos, deverá ter pulso para não aceitar, não participar nem assinar nada. O problema se instaura ou aparece quando o diálogo vira monólogo ideológico e o líder ou a chapa negociam seus valores. Alguém com vocação para saber articular de modo a não se corromper, mas também que saiba se posicionar de forma sábia nesse meio, provavelmente prosperará. Após a eleição, surge a responsabilidade de administrar. Se existe um CNPJ, uma conta no banco no nome do Diretório geralmente estará sem dinheiro, ou pior, devendo. As gestões antigas dos diretórios que não têm compromisso com os princípios da boa mordomia cristã pegam o que sobra com propósito de dificultar as coisas para a próxima chapa eleita. Quem sabe um ótimo testemunho para o final da gestão seja ter cumprido as metas propostas e ter dinheiro sobrando para ofertar na próxima gestão. Como somos "cartas vivas" de Cristo (2 CORÍNTIOS 3:3), todos estarão nos observando. Quem sabe você seja chamado para coisas maiores na esfera pública ou em alguma empresa simplesmente por saber administrar o dinheiro suado dos estudantes? É algo que podemos apenas colocar nas mãos de Deus. Com a Chapa Eleita, surgem vários temas que podem ser usados para abençoar a universidade e os alunos.

ASSEMBLEIAS ESTUDANTIS

Talvez a forma mais prática de saber o que ocorre na faculdade seja promover assembleias dos estudantes para saber dos próprios alunos quais as dificuldades e problemas que eles estão enfrentando. Não se surpreenda se aparecerem assuntos como professores injustos ou grosseiros, provas diferentes do conteúdo explicado em sala, altos índices de reprovação por mera perseguição ideológica, ausência de infraestrutura para pessoas com necessidades especiais, monopólio da cantina da universidade por apenas uma empresa e ausência de segurança nos arredores da faculdade. Além de taxas abusivas de fotocópias e outros serviços, Wi-Fi, ar condicionado, bebedouros, limpeza dos banheiros, entre muitos outros. É fundamental ter um panorama geral e pessoal do que acontece para que as medidas necessárias sejam tomadas. Após a assembleia, você terá um bom diagnóstico do que ocorre dentro da universidade.

Ao se familiarizar com a noção do custo de cada ação, é possível verificar a necessidade de *arrecadar recursos*. Primeiramente, os recursos serão da própria chapa. As economias começam com um lanche a menos no dia ou na passagem do ônibus para pagar as despesas de uma impressão ou custos do diretório. Para captar recursos é necessário saber lidar com eventos e palestras, pois infelizmente são os famosos e não necessariamente os bons que movem as massas. Outra sugestão é buscar recursos em empresas dispostas a ter seu nome divulgado no *folder* e que recomendem algum palestrante para compor a mesa de debates. Essas providências são boas formas de gerir os recursos, não esquecendo de reservar auditórios da própria faculdade, ou verificar na prefeitura de seu município locais para realização de eventos. Muitas vezes ignoramos o que o próprio governo ou organizações sociais disponibilizam de bom, pois geralmente há pouca divulgação.

Com os recursos em mãos, é hora de agir! É importante distribuir jornais com informações para os calouros sobre lojas, lanchonetes, hotéis, igrejas nos arredores, caronas solidárias etc., enquanto se faz a apresentação das reivindicações dos alunos na assembleia. Da mesma forma, a criação de eventos nas redes sociais também se revela bastante eficiente. Existem ainda boas ideias que aumentam o alcance da nossa voz para tocar vidas, tais como organizar grupos da faculdade com auxílio dos professores para dar aulas ou palestras em escolas públicas, buscar soluções de problemas municipais e até de âmbito internacional. Uma boa gestão de um diretório acadêmico pode ser um instrumento poderoso para uma efetiva transformação da realidade universitária.

RECEPÇÃO DE CALOUROS

Em uma recepção de calouros, o Diretório Acadêmico ou Grupos Cristãos pode apresentar vários projetos que estão sendo desenvolvidos na faculdade. Isso é uma forma de unir as pessoas pela identificação de áreas de interesse e direcioná-las. É possível se preparar para a recepção dos calouros levantando bandeiras diferentes dos abusos que geralmente acontecem por parte dos veteranos que os forçam a pedir dinheiro, por meio de humilhações públicas que perpetuam um ciclo de desonra. Um gesto simples de amor como trotes solidários, entregar um chocolate, orar pelas pessoas, um jornal acadêmico como mencionei acima ou apenas ouvi-los é uma porta aberta para poder falar de Jesus com pessoas emocionalmente desarmadas diante de um gesto amável e o início de uma nova etapa da vida.

Certa vez, fizemos uma recepção de calouros em várias faculdades diferentes, pela Aliança Bíblica Universitária. Percebemos que nas faculdades particulares geralmente as pessoas são mais "frias" e não correspondem. Já nas universidades públicas o "calor humano" é bem maior. Não sei exatamente o porquê. Creio que a própria qualificação de "pública" ou "privada" atinja perfis diferentes de pessoas. Cabe a quem estiver responsável pela recepção dos calouros perceber a cultura da sua própria universidade.

ASSOCIAÇÕES ATLÉTICAS

Que aflição espera os que são heróis em tomar vinho e se gabam de quanta bebida conseguem ingerir! —ISAÍAS 5:22

As Associações Esportivas são muito semelhantes estruturalmente com os Diretórios Acadêmicos. Porém, são focadas em criar e participar de eventos esportivos. Existem eventos realizados pelas Associações Atléticas, Diretórios Acadêmicos ou em conjunto com outras universidades, promovendo interação entre os estudantes. Sei que no Paraná os cursos de Direito oferecem os "Jogos Jurídicos", na Engenharia existe a "Engenharíadas", Medicina tem a "MedFest" e por aí vai. Essas festas são conhecidas pelo nível extremo de perversão sexual como também do consumo excessivo de álcool e outras drogas. Todo o contato que tive com as Atléticas foi bem negativo por ver que quem entra nesses círculos geralmente se perde feio. Fico triste pelas pessoas se envolvendo de forma ingênua (de que somente praticarão algum esporte) sem saberem que, por trás da justificativa da competição, talvez seja esse o local de maior perdição e imoralidade universitária. Recomendo enfaticamente que fique longe desses eventos.

TESE DE CONCLUSÃO DE CURSO (PESQUISA E EXTENSÃO)

Depois de investigar tudo detalhadamente desde o início, também decidi escrever-lhe um relato preciso, excelentíssimo Teófilo, para que tenha plena certeza de tudo que lhe foi ensinado. —LUCAS 1:3,4

No meu segundo ano acadêmico, eu caminhava pela faculdade, empolgado com os primeiros frutos que tivemos nas nossas reuniões da Aliança Bíblica Universitária do Brasil (ABUB). Eu estava usando uma camiseta com os dizeres: "Fé que Pensa, Razão que Crê" que fizemos para o nosso grupo. Deparei-me com um grupo de ateus e pessoas do Diretório Acadêmico que estavam em uma roda. O ateu mais dedicado ali bradou:

—Ô fé que pensa, chega aí! Tenho uma frase do seu "pai" aqui. É uma frase de Martinho Lutero aqui no meu celular que diz que deveríamos negar a razão pela fé, e você está usando uma camiseta que diz "fé que pensa e razão que crê". Você está sendo contraditório!

Eu já havia lido sobre Lutero e sabia ele não desprezava a razão, pois incentivava o estudo e a excelência no ensino, e foi justamente pela razão que ele confrontou o governo eclesiástico de sua época. Na hora fiquei sem reação, tentando pensar em algo enquanto apenas um grande branco estava em minha mente. As pessoas que estavam ali ficaram com sorrisos maliciosos; imaginei-os pensando coisas do tipo "mais um crente tapado", "fizeram lavagem cerebral", "pegamos mais um trouxa". Naquele momento respondi:

—Concordo com Lutero!

Em seguida orei em pensamento, clamando ao Espírito Santo, lembrando daquele texto de Lucas. 21:14,15.[63] Abri minha boca e comecei a falar que, se vivemos em um mundo que foi criado por Deus, a razão, a emoção, o físico e todas as coisas têm uma esfera específica e que eu devo estar ajustado corretamente a elas. Se eu der menos ou mais importância para a razão, eu estaria em erro, pecando contra a própria razão e o Deus que a criou. Se eu estiver falhando em me adequar aos limites da razão, emoção e do físico, eu deveria negar a razão, a emoção e o físico pela fé para me adequar ao plano do Deus que criou tudo perfeito. Lembro-me de que eles ficaram quietos pensando, expressando surpresa com a resposta. Meu maior medo era envergonhar o evangelho por ser ignorante.

Alguns semestres da faculdade passaram e tive que me preparar para a minha Tese de Conclusão de Curso (TCC).

---

63. "Mais uma vez lhes digo que não se preocupem com o modo como responderão às acusações contra vocês, pois eu lhes darei as palavras certas e tanta sabedoria que seus adversários não serão capazes de responder nem contradizer" (Lucas 21:14,15).

Eu estava em crise. Não sabia por onde começar ou sobre o que escrever. A única ideia que tinha era que queria falar algo relacionado com a minha fé, mas sabia que falar de Jesus seria reprovação automática em um artigo científico. Na época, Luiz Adriano Borges era um dos conselheiros da ABUB. Leitor profissional, conversávamos sobre problemas que enfrentávamos nos grupos cristãos e na sociedade de um modo geral. Foi entre uma conversa e outra, especialmente sobre a dificuldade em delimitar um tema para escrever, que fui apresentado à filosofia cristã holandesa. Achei a proposta interessante e fui me inteirar. Logo de início tomei um susto. Os autores falavam sobre soberania das esferas. Para resumir a história, eles falavam sobre como aspectos racionais, emocionais, físicos e sociais deveriam estar harmonizados e respeitados nas suas próprias esferas. Lendo isso, emocionei-me muito, pois recordei de algo parecido para aqueles jovens ateus. Entendi de Deus que eu deveria escrever sobre aquilo. Propus-me a ler o máximo possível sobre o que havia disponível sobre o assunto e conversar com pessoas que conheciam o tema indo até em outros estados. Antes de iniciar a matéria do TCC II,[64] eu já tinha quase 60 páginas escritas, com mais de 20 contendo apenas citações dos livros que já tinha lido. Concluí meu TCC com 96 páginas sobre o tema "Introdução ao Pensamento Jusfilosófico de Herman Dooyeweerd", como o tema sugere, pendendo mais para a filosofia e a epistemologia do Direito e Teoria Geral do Estado. O legal da pesquisa científica é que você pode problematizar praticamente tudo, desde que o professor conceda liberdade

---

64. *Na faculdade onde estudei as disciplinas são semestrais. O TCC I requer que seja apresentado o projeto de pesquisa no primeiro bimestre e 20 laudas no segundo bimestre. O TCC II requer que seja apresentado 40 páginas no primeiro bimestre e um artigo científico no final do segundo bimestre.*

temática. Em minha banca, resolvi chamar professores exigentes. Felizmente as críticas foram favoráveis e eu ganhei nota máxima. O meu artigo foi publicado numa revista de filosofia. Recebi mensagens de pessoas de várias partes do país, interessados em filosofia cristã holandesa e pedindo meu artigo. Quando correspondemos ao que Deus coloca em nosso coração com dedicação, Ele nos surpreenderá, mesmo que canse, demore ou até mesmo machuque.

Para escrever um TCC, é necessário consultar no mínimo três livros sobre o assunto, delimitado pelo aluno e professor. É importante anotar, realizar fichamentos e grifar as citações, resumindo a ideia dos autores. Quanto maior for a quantidade de citações, ao simplesmente colocá-las no documento, você terá uma noção do que fazer e como estruturar. Muitos autores falam sobre a mesma coisa de forma diferente, por isso, aponte e faça comentários dessas concordâncias ou não. Fiz isso neste livro quando falei sobre cosmovisão, em que peguei as frases de Adam Smith e alguns versículos da Bíblia e indiquei que havia conflito. Você não precisará inovar, desenvolver uma tese aprofundada. Precisará apenas demonstrar o que os autores estão falando sobre um tema específico e concluir que eles pensam igual ou diferente.

Vejo que muitas pessoas ficam quase loucas escrevendo seus artigos. É comum a murmuração quanto a "não tenho ideia do que escrever". Não ter ideia do que escrever em um artigo é geralmente reflexo da falta de leitura e dedicação, pois, quando você lê bastante, fica em dúvida sobre qual ideia selecionar. Para que possamos ser efetivos na produção de nossos artigos científicos, TCC ou monografias, precisamos atrair a atenção do professor com material de editoras renomadas sobre temas que tenham relevância. Geralmente livros cristãos no exterior são publicados pela Harvard Magazine e Oxford Press, o que confere maior autoridade para a citação. Infelizmente se você quiser citar as editoras cristãs brasileiras, você poderá ser barrado ou até humilhado. Só que tentar não custa nada quando já se tem o não.

Na prática, uma boa forma de começar é verificar os artigos escritos pelos próprios alunos e professores na biblioteca da sua universidade. Muitas vezes a própria universidade tem um modelo que disponibilizam para os alunos. É importante, pois muitas vezes o artigo ficou muito bem escrito e com conteúdo maravilhoso, mas você poderá perder nota devido ao fato de a formatação não estar de acordo com a norma da entidade. Então quando tiver terminado o artigo, peça para toda a sua família corrigir e, se puder, pague um bom professor de português que conheça a ABNT.

Em sua maioria, os professores são contra o cristianismo. Ter liberdade temática para escrever sobre o que deseja pode ser difícil e é bem provável que tenha que defender pensadores opositores ao evangelho, usando seus pensamentos para interpretar algum fenômeno que acontece no seu campo de estudo. Talvez o professor autorize fazer um paralelo em algum capítulo com algum autor de sua escolha, ou permita só um parágrafo sobre algo que gostaria de falar. Como não existe trabalho desperdiçado quando trabalhamos para Deus, às vezes tudo o que o Senhor quer está em um parágrafo específico. Ou então Ele deseja que você se torne o maior crítico daquele pensador, refutando suas ideias para sempre. Um exemplo disso é o que aconteceu com o filósofo ateu David Hume e o cristão Thomas Reid. David Hume era um filósofo que revolucionou a universidade de sua época. Apesar de críticas interessantes e agudas sobre ciência, sua filosofia cética possui elementos radicalmente opostos ao evangelho. Muitas pessoas estavam abandonando a fé quando entravam em contato com o sistema de pensamento proposto por Hume. Thomas Reid, que era teólogo, de forma bem parecida com Paulo diante da idolatria grega,[65] resolveu se indignar com isso. Ele passou vários anos de sua vida se dedicando a compreender a filosofia de David Hume para desconstruí-lo em um livro escrito em 1764, chamado de *A Investigação sobre a mente humana segundo os princípios do senso comum*, onde buscou refutar todos os pormenores da filosofia de Hume.

Poderemos não entender o motivo de estarmos estudando determinados pensadores e parecerá que somos apenas um rato de laboratório cumprindo caprichos de um professor. Sabendo da história de Thomas Reid e a sua influência posterior, sabemos que estudar doutrinas e ler livros de pessoas contrárias ao evangelho poderão ser usados por Deus para mudar uma cultura acadêmica por revelar exatamente onde está o erro delas. Algumas ideias podem ser refutadas por um leve exercício de lógica como a tática do papa-léguas. Outras, em compensação, precisam de mais aprofundamento para que possamos atacar suas verdadeiras bases e não *o que achamos que são* suas bases. Vejo muitos cristãos criticando o ateísmo, marxismo, liberalismo econômico, determinadas denominações evangélicas, teologia arminiana, pentecostal ou calvinista sem ter lido sequer um livro sobre o assunto, sem saber quais são as suas preocupações, ênfases, direcionamentos e propósitos.

---

65. "Enquanto Paulo esperava por eles em Atenas, ficou muito indignado ao ver ídolos por toda a cidade" (Atos 17:16).

A minoria vai às fontes originais e desenvolve pensamento crítico sabendo reter o que é bom. O que me entristece é que poucos, ao terem dúvida sobre o posicionamento de alguém, não questionam diretamente a essa pessoa para saber em que ela realmente crê, e assim perdem a oportunidade de ajudar e dialogar de algum modo.

A postura de emitir juízos rapidamente é o coração da *Fake News*, que é mentira. Acabam propagando mais discórdia nas redes sociais e o evangelho acaba sendo envergonhado, pois, onde deveria existir apologética, só ocorrem questões antiéticas. Costumamos atacar os frutos, criando justificativas fáceis e rápidas para explicar o porquê desses frutos. Mas, como já falei acima, problemas complexos geralmente não têm respostas simples. Na qualidade de um professor que orienta um aluno em um artigo científico, ao ver que este ataca doutrinas sem ler, pressupondo o que os outros disseram sem checar se realmente foi verdade, baseado em apenas vídeos editados do *Youtube*® ou repassando uma fofoca que ouviu de alguém de confiança, o reprovaria. Não podemos esperar que façam diferente conosco. Precisamos estar dispostos a ser pesquisadores com amor pela verdade para criticar ou elogiar algo de forma honesta, não só para apresentar um bom trabalho ou obter uma boa nota, mas para amadurecer como ser humano.

Fuja da tentação de criticar sem necessidade ou rapidamente. Resolva mal-entendidos pessoalmente, vá às fontes e evite exposição pública gratuita. Isso com certeza o tornará um tipo diferente de profissional. Fofoca é pecado, e toda palavra inútil será cobrada no dia do juízo da mesma forma que qualquer frase mal dita poderá gerar plágio, denúncia de calúnia, injúria ou difamação. A fofoca nos faz acreditar que seremos instrumentos de justiça segundo nosso próprio entendimento. A fofoca é a perversão da confissão. O problema é que o Senhor respeita quando nos tornamos juízes, e assim perdemos a chance de ver a justiça de Deus acontecer. Que possamos confiar no Deus que faz justiça, pois, quando a justiça dele vier, teremos o coração transformado, no qual não há hipótese de satisfação alegre de vingança, mas de oração piedosa por aqueles que praticam o mal contra nós. Precisamos reaprender a amontoar brasas vivas na cabeça das pessoas.[66] Se a situação necessitar, deixe com as autoridades competentes, como a liderança de um cristão ou em casos extremos a própria polícia. Como disse o pastor Luciano Subirá, pastor titular da Comunidade Alcance de Curitiba/PR, na pregação "Pecados da Língua": *excesso de criticidade produz esterilidade*. É um fato: os maiores críticos geralmente são as pessoas mais amargas. Não podemos ser conhecidos por raízes de amargura, mas, sim, pelo bom perfume de Cristo.

BANCA

A banca é o momento em que os professores questionarão se o aluno entendeu o assunto e pode defendê-lo de forma racional. É o teste derradeiro para saber se o aluno é competente para terminar o seu curso e está apto para entrar no mercado de trabalho. É semelhante a uma aula a ser dada na universidade sobre o assunto estudado no TCC. Na graduação, o tempo

---

66. "Amados, nunca se vinguem; deixem que a ira de Deus se encarregue disso, pois assim dizem as Escrituras: 'A vingança cabe a mim, eu lhes darei o troco, diz o Senhor'. Pelo contrário: 'Se seu inimigo estiver com fome, dê-lhe de comer; se estiver com sede, dê-lhe de beber. Ao fazer isso, amontoará brasas vivas sobre a cabeça dele'. Não deixem que o mal os vença, mas vençam o mal praticando o bem" (Romanos 12:19-21).

necessário para realizar uma banca geralmente não ultrapassa 20 minutos, mas é bem variável de acordo com cada instituição de ensino. No Mestrado e Doutorado, o tempo para a defesa da tese aumenta exponencialmente. Pela banca ser uma apresentação pública, é comum que os alunos quase entrem em estado de choque. Quem se propõe a escrever artigos científicos já tem uma tendência a ser *nerd*, apresentar algo diante de um público especializado pode soar aterrorizante. Independentemente da personalidade do aluno, existem métodos que ajudam a lidar com a banca, como conhecer os professores que participarão dela. Especialmente suas religiões, ideologias e como atuam nas faculdades. Saber disso ajuda na hora de medir as palavras.

Saiba a matéria tratada no artigo, pois saber detalhes dos assuntos e ter lido e relido várias vezes antes de apresentar o deixarão mais confiante. Os professores geralmente se concentrarão nas partes que ficaram mais nebulosas ou que possam justificar polêmicas. Nesse caso, você deverá se ater ao que está escrito no próprio artigo e não fazer conjecturas ou improvisos. Um pecado acadêmico imperdoável é pagar para alguém fazer o seu TCC. Fazer isso demonstra o descaso em desenvolver uma área específica além de perpetuar um sistema de mentiras. Convide todos os seus amigos, parentes, sociedade em geral, para assistir a sua banca. A quantidade de pessoas assistindo à banca poderá inibir os professores de problematizar demais a sua apresentação, porém, se você fez um trabalho questionável, há o risco de ser envergonhado publicamente. Usar roupas decentes e apropriadas é recomendado, pois as roupas falam muito do nosso estado de espírito e geram identificação nas pessoas. Se você anda sempre arrumado, alinhado, de banho tomado, dentes escovados e perfumado, o tratarão de forma diferenciada. Se você for relapso e despreocupado, é bem provável que o tratem da mesma forma. Elogiar e agradecer os professores e os presentes não é mero protocolo. Foram os professores que lhe deram a oportunidade de falar, apresentar a banca, que corrigiram o seu trabalho e o orientaram. A honra é algo que sempre deve estar no nosso coração, na língua e no bolso. A banca é um ótimo local para honrar desde que não seja forçado. Depois de sair da banca aprovado, comemorar com os parentes e amigos é bênção. Nada melhor do que comemorar uma etapa vencida. O local e a comida ficam a seu critério!

GRUPOS CRISTÃOS UNIVERSITÁRIOS

> Pois, onde dois ou três se reúnem em meu nome,
> eu estou no meio deles. —MATEUS 18:20

Se tudo o que está oculto se manifesta na luz,[67] na vida acadêmica não é diferente. Se vivemos uma vida secreta de oração, os frutos aparecerão. Se nutrimos paixões pecaminosas quando estamos sozinhos, seja vendo o que não deve, seja pela falta de perdão, isso será demonstrado claramente no convívio com outras pessoas. A universidade parece uma terra sem lei em que até a lei da gravidade pode ser questionada pelo relativismo! Porém, tudo o que ocorre na faculdade, seja no RU[68] ou no barzinho da esquina não fica restrito. Se Deus nos julgará segundo nossas obras,[69] todas elas terão resultados

---

67 "Da mesma forma, tudo que está escondido será revelado, e tudo que está oculto virá à luz" (Marcos 4:22).

68. Restaurante Universitário.

69. "Ele julgará cada um de acordo com seus atos. Dará vida eterna àqueles que, persistindo em fazer o bem, buscam glória, honra e imortalidade. Mas derramará

naturais que repercutirão na eternidade. Um fato inegável para a missão universitária é que seus pais, pastores e líderes não estarão fisicamente com você. Você terá apenas seus amigos cristãos para o ajudar a viver nela. O salmista declara algo que é crucial para a nossa sobrevivência: "Como é bom e agradável quando os irmãos vivem em união!" (SALMO 133:1). Reunirmo-nos com amigos, professores ou colegas que partilham da mesma fé, mesmo que com interpretações diferentes sobre um ou outro ponto teológico, é um bálsamo e um aprendizado gigantesco.

Logo, se você está na universidade, é comum encontrar outros cristãos que queiram que o período que estejam cursando seja frutífero para o Reino de Deus e que queiram fazer algo.

Geralmente os grupos começam com um orando com o outro, uma discussão teológica ali, uma ajuda na matéria aqui, um visitando a igreja do outro, fortalecendo a amizade. Podem ser desde um pequeno grupo ou célula até um movimento estudantil que busca um propósito social específico, como por exemplo, ação social com crianças em situação de risco no bairro da faculdade. Não existe um modelo de grupo universitário cristão que deva ser seguido por todos ou seja o melhor, mas todo missionário universitário deverá estudar o perfil educacional, econômico, filosófico da sala, do curso, da universidade para conseguir tocar o coração das pessoas ali.

Darei dois exemplos de grupos cristãos: 1) A Aliança Bíblica Universitária do Brasil (ABUB) é um movimento estudantil que nasceu no contexto das Igrejas Tradicionais Históricas, cujos estudos bíblicos indutivos buscam desenvolver um aprofundamento crítico de temas contemporâneos, em uma missão

---

ira e indignação sobre os que vivem para si mesmos, que se recusam a obedecer à verdade e preferem entregar-se a uma vida de perversidade" (Romanos 2:6-8).

cristã integral.[70] A ABUB tem um perfil mais institucional. 2) O *Dunamis Pocket* ou grupos vinculados a uma denominação geralmente têm um perfil mais carismático, então a carga de louvor, oração, vigílias, evangelismos é bem mais intensa. Esses são dois exemplos que cumprem seu papel no Reino de Deus, mas precisam estar alertas quanto às suas próprias tentações e tendências. Grupos como a ABUB devem estar atentos para não caírem na tentação da teologia liberal[71] e manterem-se firmes na ortodoxia cristã, cheios de coragem, seja onde for. Em compensação grupos mais carismáticos devem se preocupar em não cair numa espécie de gnosticismo[72] ao dar muito valor ao espiritual e deixar o natural às favas. Devemos estar atentos ao que somos mais suscetíveis. Essas tentações podem ser previstas pelo que a Bíblia já nos ensina, mas observar a condição econômica, nível intelectual, teologia ou criação das pessoas pode nos ajudar a ser atalaias na vida de nossos irmãos. Precisamos *ser* e *ter* uma pastoral

---

70. Apesar da instrumentalização da missão integral por grupos ideológicos de esquerda no contexto da América Latina, a missão integral tem seu marco inicial no Pacto de Lausanne, em que nomes ortodoxos conhecidos como John Stott, Francis Schaeffer, Martin Loyd-Jones foram alguns dos seus signatários. Seu lema é um paradigma para o estudo de missões por afirmar que "A evangelização mundial requer que a Igreja inteira leve o evangelho integral ao mundo todo". Para mais informações, o site em português do pacto de Lausanne é https://www.lausanne.org/pt-br/

71. A teologia liberal foi um movimento moderno e dizia que Deus não seria soberano sobre a História, que valores morais bíblicos seriam relativos à época ou que a interpretação bíblica deveria ter critérios apenas sociológicos.

72. O Gnosticismo era uma heresia grega que dividiu radicalmente a compreensão entre corpo e espírito. Acreditavam que apenas a espiritualidade era digna de observação. Porém, essa visão não está de acordo com a visão de criação bíblica. Os gnósticos ascetas influenciaram o Cristianismo Primitivo em dedicar-se a tarefas unicamente espirituais como contemplação e adoração. Os gnósticos hedonistas não acreditavam que o pecado afetava a salvação da alma e, portanto, viviam de forma libertina sendo objeto de confronto já nos tempos apostólicos por João, Paulo e Judas (1Co 5:11; 1Tm 6:20).

acadêmica que cuide do universitário, alertando-o sobre as tentações, consolando nos dias maus e confrontando o pecado com amor, sabendo responder as dúvidas de cada um de forma adequada e sem arrogância.

PASTORAL ACADÊMICA

Durante o período que lideramos alguns grupos universitários, tivemos que lidar com várias situações complicadas, como a relação conflituosa entre o acadêmico cristão e a igreja local. Questões como a idolatria (a um pastor, teologia, ideologia ou denominação específica), a falta de prestação de contas ou de encorajamento intelectual, crítica generalizada de tudo e todos, problemas físicos e até mentais e falta de filtro social foram recorrentes na universidade. Será importante reforçar a necessidade de o líder do grupo enfatizar, de forma gentil, a relevância do acadêmico participar da igreja local, e até mesmo de visitarem uns aos outros em suas denominações.

Quando alguém se converte na faculdade e deseja frequentar uma igreja, é mais seguro recomendar uma de acordo com o testemunho do recém-convertido. Identificando o perfil desse universitário, podemos encaminhá-lo para quem possa recebê-lo. Cabe ao missionário universitário ajudá-lo nos primeiros passos da fé. Apesar de as possibilidades serem grandes, a pastoral acadêmica deve ser realizada com algumas ressalvas. Os grupos universitários que se tornam "igrejinhas" tendem a passar por escândalos em proporção menor do que se vê na TV (escândalo sexual, má administração de recursos, uso do grupo para propósitos eleitorais etc.), portanto os grupos devem estar sincronizados com a igreja local para acompanhamento, prestação de contas e para recomendar novos convertidos. O lema antigo da missão universitária, "Do estudante para o estudante", foi superado e deve ser deixado de lado. O estudante só é pleno quando caminha em unidade com uma igreja local, encontrando equilíbrio entre o seu curso e a missão.

Houve um caso bem interessante em Curitiba concernente a essa relação igreja local e grupos universitários. Os pastores de jovens das mais variadas denominações perceberam que muitos universitários estavam se perdendo assim que passavam no vestibular. Esses pastores começaram a se reunir para orar, trocar informações e tentar encontrar soluções para problemas dos jovens na cidade. Enquanto isso, nesse período surgiu a Rede Universitária,[73] que é um ministério multidenominacional que possui vários materiais de estudo com temas universitários, dicas, devocionais, informações sobre grupos cristãos que ocorrem nas universidades de Curitiba e outras cidades. Sem o vínculo com uma denominação específica, os pastores ou líderes podem ficar atentos em qual *campus* os membros do seu grupo de jovens estão estudando, procurando encaminhá-los à rede disponível no local, ou incentivar a sua abertura. Isso tem causado grande impacto, pois hoje existem grupos em quase todas as universidades de Curitiba como também em colégios secundaristas e cursinhos pré-vestibulares. O contato com vários desses grupos produz um aprendizado sobre diferenças convivendo em unidade que é muito bem-vinda.

Outra questão que marcou profundamente a pastoral acadêmica em Curitiba foi a Semana de Avivamento. É um evento que ocorre no período de férias, com cultos todos os dias da semana. Um pastor de uma igreja prega em outra, e o louvor

---

73. Página no Instagram @_vemprarede_

é conduzido por outra denominação. Isso é fruto da unidade dos pastores de jovens que oram juntos e acabam com preconceitos denominacionais. Em um desses cultos, vivenciamos cenas de um pastor batista pedindo perdão a um pastor da cruzada, pastor pentecostal servindo a um pastor da luterana. Algo realmente impactante! A Semana do Avivamento culminou em 2017 com um culto de jovens feito em um estádio de futebol. Interessante foi perceber como as igrejas se movimentaram para que o evento fosse realizado. A unidade dos pastores de jovens produziu um impacto cultural imenso na cidade. A Rede Universitária, a Semana do Avivamento e o encontro de pastores de jovens surgiu para somar forças a fim de evitar que jovens se percam. Essa ação conjunta dos pastores foi uma resposta saudável e bem recebida. É uma nova geração que cresce aprendendo a bênção de caminhar em unidade com outras denominações que confessam Jesus como seu único Senhor e Salvador e buscam uma ética cristã; jovens que estão dispostos a propagar o evangelho.

Esse suporte da igreja não somente ajudará a lidar com as tentações, mas com o próprio sucesso da obra missionária. Muitas vezes o ministério crescerá, se desenvolverá, pessoas se converterão e confessarão Jesus como único Senhor, milagres e sinais surpreenderão a todos. Em todos esses casos, o líder ou as pessoas na liderança da missão podem vir a ganhar notoriedade excessiva, abrindo espaço para que o coração comece a se desestabilizar pelo orgulho ou pelo resultado aparentemente positivo, trazendo sérias consequências. Frases muito comuns são: "Você está passando por problemas? Fale com o líder do grupo!", "Seu líder pode ajudar você a resolver seu problema!".

O nome de Cristo poderá ser bendito na universidade, se o seu coração estiver no lugar certo, lembrando que quem faz a obra é Jesus e que somos meros instrumentos nas mãos dele! Do contrário, caso o orgulho vença, os incrédulos verão o "show de horrores" que é a hipocrisia cristã instaurada em um espaço público.

REUNIÕES NO CAMPUS

Durante as reuniões de grupos cristãos na universidade, devemos evitar, na medida do possível, debater temas polêmicos ou político-partidários. Uma das maiores bênçãos ao se dirigir a um grupo tão diverso é que podemos nos concentrar no que realmente importa: Jesus Cristo. Sobre a bondade, o testemunho, o amor e o sacrifício de Jesus não há divergências. É um bom modo de relembrarmos aquilo em que acreditamos na sua essência mais pura, sem muitas interferências teológicas ou culturais. Mas cada reunião deverá estar atenta ao local e horário que é realizado, a duração e o seu propósito. Muitas vezes o grupo se reúne longe das salas de aula ou dispõe apenas do intervalo para tal realização, e nesses casos é quase impossível se aprofundar em algum tema. Por isso, os estudos, os momentos para testemunhos ou orações devem ser rápidos. Caso o tempo seja maior, é possível fazer um estudo mais elaborado.

Um exemplo que me empolga foi quando Márcia d'Haese, uma desenhista que tive o prazer de conhecer, fez um estudo bíblico e desenhou uma formiguinha nas mãos de Deus, numa das reuniões da ABUB na década de 1980. Ali nasceu o famoso personagem Smilinguido. Não paramos para pensar como um mero estudo na universidade pode produzir frutos que repercutirão para toda a nossa vida. Não devemos menosprezar ou duvidar do que Deus pode fazer através deles. Por meio desse grupo universitário o Senhor pode mover contatos e criar uma rede de profissionais, que promovem empregos ou algum produto que melhore a qualidade de vida das pessoas. Deus pode salvar vidas ou ajudar as pessoas a tomarem decisões. O Smilinguido é talvez um dos personagens cristãos mais conhecidos no Brasil e internacionalmente. Qual será o nosso Smilinguido? Algumas universidades poderão institucionalmente questionar o barulho ou o alvoroço e pedir para que algumas regras de convivência sejam observadas. As pessoas observam nosso testemunho como grupo.

Certa universidade que possui confessionalidade religiosa dificultava a criação de grupos cristãos. O diálogo com tal entidade sempre foi difícil. Mas isso não privou os alunos de se reunirem nos espaços abertos. Infelizmente para eles a perseguição ocorreu de modo institucional, não permitindo eventos e reuniões. O objetivo da reunião é importante; se o propósito é evangelístico, o uso da linguagem deve ser bem apropriado. Jargões evangélicos como "discernimento", "o sangue de Cristo nos lava" e "fariseu" podem soar muito estranhos e até ofensivos para qualquer pessoa que desconhece o evangelho. Lembro-me de uma vez quando eu estava empolgado durante a reunião e falei que "chutaríamos a boca do capeta" e logo uma líder do grupo me informou que algumas pessoas se assustaram com essa expressão.

Se o grupo está mais focado em promover ações sociais, é bem importante que estejam atentos para participar dos projetos internos da faculdade. Horas complementares das ações sociais da universidade que aparecem no jornal ou site da faculdade é testemunho bem-vindo ao ministério universitário.

Arrecadações de brinquedos, comidas e lembrancinhas podem ser trabalhadas nos próprios grupos em que cada um faz a sua parte. Inclusive a igreja pode estar atenta para alguma ação que esteja sendo feita no seu bairro e assim se ajudarem mutuamente.

Assuntos a serem tratados nas reuniões podem ser escolhidos pelo grupo, a depender do contexto local, mas pode ocorrer na forma de devocionais a serem realizados por cada estudante, estudos sistemáticos de alguma passagem bíblica como, por exemplo, 1 Coríntios 13, relacionar um texto bíblico com alguma questão cultural, como notícias dos jornais, testemunhos pessoais ou algo que as pessoas estejam falando, seguir o roteiro de um livro evangelístico ou apologético, orações etc. Existem muitas formas e temas possíveis para se realizar nas reuniões. De todas elas, a sensibilidade à voz do Espírito Santo e uma boa conversa com o pessoal disposto a ajudar sempre foi de grande valia. Talvez o grupo se torne tão grande que seja necessário mudar para um auditório. Um dos grupos da ABUB de Curitiba chegou a ter mais de 100 pessoas participando! Nesse caso é quase impossível que todos consigam falar ou ajudar, porém medidas podem ser tomadas, como revezamento dos estudos, aumento das reuniões semanais de 2 para 4, ou até mesmo a criação de novos grupos com novos enfoques.

É possível que pessoas inconvenientes frequentem o grupo, seja pela condição socioeconômica, teológica, ou ideológica, mas isso não deve ser obstáculo para o amor cristão. Muitos virão só para fazer perguntas complicadas e causar polêmica, ou encontrar um local para expressar sua raiva contra Deus e Sua Igreja. Não adianta argumentar, o melhor é:

- Amar a pessoa, pedindo perdão em nome da igreja, se for necessário,[74]
- Dizer que o momento não é apropriado por causa do tempo ou do assunto para essa discussão, mas que em outro momento poderá responder essas perguntas,
- Ou, se souber, responder de forma firme, honesta, simples, respeitosa e sem achismos.

Nós atacamos ideias e não pessoas. Jesus amou o pecador de tal forma que morreu por nós, mas deixou bem claro que odeia o pecado.

O Espírito Santo nunca deverá ser limitado. Lembro-me de uma vez que, ao chegar mais cedo para um dos pequenos grupos, ficamos orando antes de começar. Senti muito forte o desejo de compartilhar sobre como tomar decisões de forma cristã. As pessoas foram chegando e, após as apresentações, não mencionei "Deus me disse", apenas abri o texto bíblico e o expus. Quando a reunião acabou, uma garota visivelmente emocionada falou que não era cristã e tinha orado a Deus porque precisava de ajuda para tomar uma decisão. Ali ela agradeceu e viu que Deus se importava com ela. São situações como essa que devem nos alertar para que a voz do Espírito Santo jamais seja suprimida em prol de uma formalidade ou de um roteiro pré-estabelecido. A direção do Espírito Santo deve ser valorizada em nosso coração, e devemos estar em dia com

---

74. Quando eu lidava com pessoas muito ofensivas à fé cristã, eu geralmente mostrava que a Bíblia condenava a postura que a machucou, que a existência de Deus não se questiona por causa da maldade ou dos erros da igreja e que eu, sendo igreja, pedia perdão e me colocava à disposição para ajudar. Algumas pessoas ficaram sem reação e seguiram em frente, outras choraram e ainda outras que aceitavam e se aproximavam com curiosidade. O perdão é um instrumento poderoso!

nosso devocional para saber diferenciar quando é Deus quem está falando ou é apenas o nosso coração enganoso.

No entanto, o tempo passa rápido. Chegará a hora de se preparar para terminar a faculdade e um novo desafio deve ser pensado: *Quem ficará responsável pelo grupo após eu me formar?* Devemos nos amparar em algumas verdades bíblicas fundamentais nesse caso: ler Filipenses 1:2-21 com a mentalidade de quem está terminando o curso ganha contornos bem interessantes. Creio que, com as devidas proporções, esse capítulo é muito confortante para quem se dedicou à obra missionária acadêmica e está delegando a liderança do grupo. Nesse capítulo, Paulo está falando como quem está para morrer e quer deixar "instruções gerais" para os novos pastores e líderes da igreja. Podemos extrair lições para saber quem continuará a obra. Um dos primeiros aspectos é que o cristão seja cooperador (V.5). Pelo testemunho da disposição, fica mais fácil saber quem está "vestindo a camisa". Também deve ser alguém que acredita que Deus está realizando algo naquele lugar e que, por ter nascido no coração de Deus, essa missão não pode morrer (v.6). Ser alguém que esteve perto nas dificuldades e vitórias (v.7), pois essa é uma forma de preparação dos futuros líderes, a fim de que vejam que os problemas podem ser vencidos. Que não seja acomodado, mas procure desenvolver a partir de onde você parou (vv.9-11), que não se utilize do grupo para conseguir ganhos escusos, políticos, econômicos, amorosos ou de popularidade (v.15), mas que defenda o evangelho (v.17) com o único objetivo: Cristo (v.21). Outras lições podem ser tiradas do texto e da sua continuação, mas deixo com vocês essa tarefa.

É normal ficarmos chateados por delegar a liderança, com receio de que o grupo ou a missão possa morrer ali, mas entendo que esses são sintomas da falta de fé que precisam ser abandonados. Não temos como saber com certeza a amplitude do que Deus fez e está fazendo naquele lugar. Talvez a missão seja apenas para ganhar uma pessoa a qual evangelizará milhares, um avivamento ocorra no *campus* ou alguém tenha sido inspirado em algum estudo bíblico para desenvolver um projeto que abençoará muita gente. O consolo da missão que fazemos para Deus é que nunca perderemos nada. Nosso trabalho em Cristo não é vão. Tudo poderá ser aproveitado para o Seu reino e para o crescimento da Sua Igreja. O império das trevas não terá poder suficiente para resistir aos ataques da Igreja de Cristo, entretanto, devemos estar sempre alertas e preocupados com nosso testemunho pessoal para não haver efeitos indesejados.

O ÚLTIMO DIA DE AULA

Entreguem-lhe todas as suas ansiedades, pois ele cuida de vocês. —1 PEDRO 5:7

No último dia de aula, aparecem alguns sentimentos que merecem nossa atenção. A desolação ao pensar que "O curso terminou e não sei nada sobre a matéria". Esse sentimento é falso já que não conseguimos mensurar o quanto o ensino da universidade foi absorvido pelo coração. Mesmo não tendo o conhecimento aprofundado do seu curso, você sabe onde encontrar a resposta. A universidade não ensinará a responder intuitivamente a solução dos problemas, mas é como um mapa das questões profissionais. A ansiedade do "o que eu faço da vida?" é diferente. Esse sentimento é um dos mais difíceis; podemos planejar, mas a resposta pertence a Deus. Consola-nos saber que a Bíblia nos garante que não mendigaremos o pão e que Jesus estaria conosco todos os dias até a consumação dos séculos. Se, para você, a ansiedade é uma característica evidente, o certo é terminar o curso buscando ser excelente nas matérias.

Quando terminamos a faculdade, ocorre uma mudança de ciclo da vida, e muitas portas que nunca imaginamos se abrem de maneiras curiosas. Você poderá encontrar relações importantes entre a igreja, seu trabalho e sua vocação. Para aqueles mais práticos, geralmente existem núcleos de pós-graduação voltados a um trabalho específico. Conheci um aluno de Direito que se destacou em Direito Trabalhista. Saindo da faculdade logo procurou fazer uma pós-graduação para se aprofundar na área em que trabalhava. Quem sabe você possa ter descoberto uma vocação mais acadêmica e comece a escrever um projeto de mestrado e artigos científicos. O que pretendo é convencê-lo de que existe vida depois da universidade, e ela é melhor do que parece.

Quem trabalha na lavoura tem mais facilidade ao lidar com mudanças de ciclos e estações. Nossa compreensão do tempo é mais linear, e penso que isso pode causar ansiedade. Podemos olhar para frente com um misto de receio e esperança, mas é olhando para trás que conseguimos entender o que Deus está fazendo e onde Ele está nos levando. Tudo o que plantamos colhemos. Alguns anos de estudo são sementes que, no tempo de Deus, frutificarão. Afetos que foram criados com professores e alunos poderão se transformar em sociedades, empresas, projetos em comum, viagens para estudar no exterior ou desenvolver o local que você trabalha ou a igreja que congrega. O erro nessa fase é a indecisão, estagnação, acomodação ou a crença de que não temos o necessário para adentrar nessa nova fase.

Vale lembrar que dizer *não consigo* é uma declaração de fé. Chegando na reta final do curso, pesquise novos cursos, envie e-mails para professores, mas não fique esperando que alguém decida por você. A paz de Deus deve ser árbitro das decisões, mas a sensação de paz vem quando nos posicionamos. Pergunte para pessoas mais experientes da sua igreja sobre como terminaram a graduação. Isso servirá de consolo emocional em ver o cuidado de Deus.

A (COMISSÃO DE) FORMATURA

Os humildes possuirão a terra e viverão
em paz e prosperidade. —SALMO 37:11

Se a Atlética é o local de maior perversão da universidade, a (pré) formatura é com certeza o de maior estresse. Processos judiciais, rompimento de amizades, décadas para encerrar empresa constituída pela comissão de formatura, empresas que não entregam o buffet no horário certo, banda desafinada, brigas na festa, entre muitos outros são problemas comuns. Não sou entusiasta de passar anos pagando por algo que se consome em um dia. Resolvi investir em livros, viagens, seminários, instrumentos musicais e construí uma biblioteca com o mesmo valor que as empresas de festas cobrariam. Não me arrependo nem um pouco.

Considero desnecessário festejar onde existe consumo de álcool, danças sugestivas com luz baixa e música alta. A. W. Tozer falava que "há mais restauradora alegria em cinco minutos de adoração do que em cinco noites de folia". Entendo que essa celebração deve ser realizada: com os pais, com a igreja, melhores amigos e com Deus. Chamar amigos da faculdade para uma festa mais familiar é uma boa forma de eles virem como nossa forma de celebrar é saudável.

O que não podemos abrir mão é da colação de grau. Nessa celebração solene, o reitor reconhece que o formando não é mais aluno, mas, através do ato simbólico do chapéu, o investe como profissional entregando-lhe um diploma. Discursar na formatura é sempre um momento muito belo. Apesar dos discursos em prol de liberdades anticristãs e do secularismo terem aumentado nas formaturas, buscando tomar os "lugares de fala", não podemos perder a possibilidade de falar ao coração das pessoas. Os cristãos devem se dispor a discursar, pois temos a Palavra de Deus e a fé vem pelo ouvir a Palavra. O agradecimento a Deus é uma ótima oportunidade para testemunhar de Sua graça e misericórdia. Ao agradecer a Deus, não se esqueça de honrar sua família, pais, amigos, seus líderes, professores, ausentes, pois precisamos resgatar uma cultura de honra.

Se não for da comissão de formatura, acompanhe o trabalho dos gestores e o investimento do dinheiro arrecadado. É recomendado se criar uma pessoa jurídica, para facilitar a emissão de boletos bancários e a delimitação das responsabilidades. Sabemos que existe uma forma santa, digna, de se realizar contratos desse tipo. Nessa ocasião a paciência será testada ao máximo. É importante respirar fundo, contar até 10 antes de responder uma mensagem ou e-mail do grupo evitando ser sarcástico, mas procurando ser bem objetivo. Procure usar verbos no infinitivo como *fazer, expor, realizar, promover, doar* etc., e os dados sempre bem definidos, como a quantidade de dinheiro, objetos, datas. Agir assim confere maior eficiência e profissionalismo. Cheguei a ver ameaças de processo judicial por causa de bobeiras. Ore para que Deus derrame sabedoria e maturidade sobre todos.

Temos a tendência de enfatizar: "Chegamos até aqui pela força do nosso braço!", "São as nossas conquistas!", mas essas frases são reflexo do individualismo nocivo. Somos fruto das experiências que tivemos, dos nossos relacionamentos, do ensino de bons e maus professores. Devemos ser gratos! Tanto pelo ar que respiramos, quanto pela comida na mesa ou que recebemos na boca quando éramos crianças. Nossa identidade, semelhante a um pão, deve ter como ingredientes os princípios da Palavra, mas o forno que nos faz crescer é a convivência comunitária familiar, da igreja ou da sociedade ao redor. Digo isso ao assistir o drama dos meus colegas que participaram da comissão de formatura e ver como emoções mal resolvidas crescem desordenadamente, causando resultados desagradáveis. A incapacidade de ceder, de conseguir pedir perdão, do "tem que ser desse jeito" chegou a ponto de termos uma aula interrompida por causa de discussões. Foi bem chato.

A REDENÇÃO DA UNIVERSIDADE

E, chegando-se Jesus, falou-lhes, dizendo: É-me dado **todo** o poder no céu e na terra. Portanto ide, fazei discípulos de **todas** as nações, batizando-os em nome do Pai, e do Filho, e do Espírito Santo; Ensinando-os a guardar **todas** as coisas que eu vos tenho mandado; e eis que eu estou convosco **todos** os dias, até a consumação dos séculos. Amém.
—Mateus 28:18-20 ACF, ênfase adicionada.

É importante conhecer diversos assuntos e se especializar, no entanto precisamos fazer tudo isso com amor. Amor manifesto de forma imparcial e que consiga atingir *todo* o nosso potencial deve ser vivido com todo o nosso ser. "Amar é sempre ser vulnerável",[75] disse C. S. Lewis. É amando que as pessoas verão melhor o que há dentro do nosso coração. Elas não precisarão ser crentes para ver preconceitos, ignorância,

---
75. LEWIS, C. S. Os quatro amores. 2.ª Ed. São Paulo: WMF Martins Fontes, 2009.

hipocrisia ou medo dentro de nós, mas serão profundamente confrontadas se vivermos de acordo com a vontade de Deus. Esse mesmo argumento serve para que possamos ver as pessoas. Observando o amor e a intensidade ideológica de alguém, poderemos entender o abuso que sofreram, suas vocações, os sonhos que nutrem e quem são verdadeiramente. Se, como disse Hernandes Dias Lopes, "O amor é a apologética final, o último e decisivo argumento de que, de fato, pertencemos a família de Deus",[76] nossa maior defesa do evangelho é agir de forma semelhante ao amor de Jesus.[77] Se somos missionários universitários, nossa missão é sermos parecidos com Cristo. Qual será uma forma efetiva de amar no contexto acadêmico? Creio que a Bíblia já nos deu uma resposta satisfatória. Aqui voltamos ao início do livro:

> Porque Deus amou tanto o mundo que deu seu Filho único, para que todo o que nele crer não pereça, mas tenha a vida eterna. Deus enviou seu Filho ao mundo não para condenar o mundo, mas para salvá-lo por meio dele. —JOÃO 3:16,17

Se Deus enviou Seu Filho Jesus ao nosso mundo para nos mostrar que a salvação só pode ser encontrada fora deste mundo, em quais mundos devemos entrar para encontrar o coração das pessoas? Nosso dever é entrar nos universos que as pessoas criaram para si mesmas e resgatá-las de lá. Podemos chamar de "bolha" ou "mundinho" esse lugar onde a pessoa vive ou

---

76. LOPES, H.D. 2 Pedro e Judas: quando os falsos profetas atacam a Igreja. São Paulo: Hagnos, 2013.

77. "Portanto, como filhos amados de Deus, imitem-no em tudo que fizerem. Vivam em amor, seguindo o exemplo de Cristo, que nos amou e se entregou por nós como oferta e sacrifício de aroma agradável a Deus" (Efésios 5:1,2).

podemos chamar de algo mais elaborado como ideologia, filosofia de vida ou cosmovisão. A ideia é que, se Jesus "sujou" Seus pés[78] andando na Palestina do 1.º século, devemos "sujar" nossos pés nos universos das pessoas. Por "sujar os pés", refiro-me a ser sensível às dores das pessoas quando buscam um ponto fixo para se apoiar. *É entendê-las* apontando para o consolo que está do lado de fora de braços abertos. Ao lembrar que Deus criou o nosso mundo e está além dele, fica difícil nos perdermos dentro deste mundo. Nossa visão sobre as coisas pode estar errada, mas, se apontarmos para Cristo, Ele poderá nos dizer a forma certa.

Corações enganados em sua forma de enxergar o mundo precisam de pessoas que sejam o instrumento de Deus para os resgatar. Para adentrar nesse lugar, devemos buscar entender como se enxerga com a lente do outro. Se encontrarmos um "idólatra", e o criticarmos asperamente, e quisermos tirar a única alegria pecaminosa que ele possui, sem oferecer algo melhor, o seu coração se fechará à mensagem que trazemos. Porém, se usarmos as suas próprias lentes, entrando em seu universo e demonstrando a inconsistência do seu sistema de pensamento na sua própria língua, ele verá a falência dos seus ídolos e procurará por algo que o socorra e confira sentido. É nesse momento que demonstramos o evangelho como a única visão que abarca toda a criação do Deus amoroso. Ao buscarmos entender o coração daquele que está perdido em si mesmo, o medo de se confundir vai embora quando o amor nos inspira.

Se tivermos sucesso em adentrar o mundo das pessoas, conseguiremos desenvolver um conceito cristão: a compaixão.

---

78. Faço referência aqui ao livro de EVERTS, J. Jesus de pés sujos. São Paulo: ABU Editora.

Compaixão é ter o mesmo sentimento, ter o mesmo "fogo" que arde nas pessoas. Assim ficaremos mais seguros de que estamos no caminho certo. A melhor forma de sermos consolados é por pessoas que passaram por situações parecidas. Se mostrarmos que estamos dedicados a resolver problemas mais básicos de interesses das pessoas, elas se sentirão amadas. Essas coisas acontecem várias vezes em evangelismos na universidade, quando alguém, na tentativa de evangelizar, recebe respostas do tipo "Você pode até orar por mim, mas minha realidade continua um inferno", "Minha mãe continua sem atendimento médico", "Tenho fome e uma oração não resolve isso", "Fui à igreja, mas minha vida continua a mesma". É normal ficar travado nesse momento. Mesmo nos considerando pessoas de oração e leitura da Palavra, esse choque cultural nos faz pensar que não temos outra atitude a não ser um evento espiritual extraordinário para convencer as pessoas. Mas o espiritualmente extraordinário é algo que Deus já colocou dentro de nós: nossa vocação! As pessoas sentem-se amadas e correspondidas quando são ouvidas com atenção e é normal revelarem suas dificuldades e problemas específicos. Não há problema em orarmos ali mesmo nos corredores, mesmo com os outros achando estranho.

Elaborar artigos científicos em conjunto me fez tocar o coração dos colegas pelo testemunho cristão. O segredo é desenvolver, com a excelência cristã, um bem específico no qual as pessoas estejam debruçadas, preocupadas ou desejosas. Esse pode ser um trabalho, artigo, uma necessidade física, espiritual ou emocional. Os reflexos disso vão além da própria salvação. Podemos alterar a cultura de um lugar como fez a Igreja Católica ou os Reformadores nos seus dias. É só olharmos para as exclamações das pessoas. Repare que até ateus dizem "Meu Deus", evangélicos dizem "Vixe" que vem do clamor à Virgem Maria, ou a famosa frase latina "Cruz Credo!" que significa Creio na Cruz. Essas frases são frutos da cultura cristã que ainda permeia a sociedade. Diante de uma catástrofe, seja cristão ou não, inconscientemente pensamos e clamamos por Deus. Porém, existem culturas em que elementos malignos e adoração a espíritos são tratados como algo comum. As consequências disso são muito pesadas para ignorarmos.

Se as palavras têm poder, o que será do nosso coração caso nossa linguagem use sodomia como xingamento ou a desqualificação da mulher seja algo humorístico? "Judiação" é referência ao sofrimento dos judeus e "coitado" significa alguém estuprado. Será que o racismo e a sexualidade não estão profundamente arraigados em declarações que fazemos no dia a dia? Será que não é hora de avaliarmos se a nossa linguagem afeta a forma como agimos e pensamos? Precisamos santificar nossa linguagem não só para o que é obviamente pecado, mas àquilo que nos habitua a achar graça e humor, onde só há uma cultura decadente. A boa notícia é que temos graça suficiente para resgatá-las. Jesus entregou Sua vida em resgate de muitos neste Universo. Deus decidiu que Seus filhos completassem uma missão semelhante nos entregando vocações para semear, cultivar a terra para que, quando voltarmos para a Israel celestial, possamos depositar as riquezas das nações aos pés do Senhor Jesus como também trazer pessoas de todos os povos, línguas e cosmovisões. Sozinhos, não conseguiremos afetar toda a cultura, que é composta por práticas, linguagens, pessoas, ideias, processos, feridas e até demônios. O Corpo de Cristo, a Sua Igreja, pode influenciar todas as áreas, poderemos fermentar toda a cultura com o evangelho. A Igreja pode, com sua universidade de vocações e dons resgatar, transformar e desenvolver o Universo da forma que Deus o planejou. A universidade é um dos instrumentos para isso.

A universidade é chave para conseguirmos desenvolver com inteligência uma cultura que caminha sobre os trilhos da Palavra de Deus e que marcha a todo vapor rumo a um destino glorioso. Resgatando a universidade, resgatamos o Universo. Se na universidade criamos formadores de opinião nas ciências Exatas e Humanas, podemos fazer uso delas para encontrar o objetivo cristão do desenvolvimento cultural — o *Shalom*. Essa palavra não é apenas o cumprimento que fazemos na igreja, o clássico "Saúdo os irmãos com a Paz do Senhor", mas o local onde as leis de Deus para nossa vida são vividas plenamente. Timothy Keller explica que "*Shalom* significa reconciliação completa, um estado de total florescimento de cada dimensão — física, emocional, social e espiritual".[79] Pense numa sociedade em que tudo acontece segundo as leis de Deus. Pense no funcionalismo público, nos experimentos da física, na arte e na filosofia. Conseguimos vislumbrar o *Shalom* de Deus na nossa vida ao obedecermos à Palavra e vermos os frutos dela. Agora imagine isso em tudo!

Eu sempre me questionei o porquê de existirem quatro evangelhos ao invés de um. Não seria mais fácil ter um único documento que falasse tudo para que não tivéssemos dúvidas, divergências ou dificuldades bíblicas? Porém, foram as dificuldades na interpretação bíblica que fizeram os cristãos produzirem teologia, ciência, política, economia para aplicar esses

---

79. KELLER, T.: Justiça generosa: A graça de Deus e a justiça social — São Paulo: Vida Nova, 2013. p.180.

conhecimentos onde quer que estivessem. Deus tem todas as perspectivas possíveis e inimagináveis dentro do Universo que Ele criou, mas Seu amor é tamanho que Ele deseja que as pessoas possam amá-lo e declarar, na sua própria perspectiva, o quanto Ele é bom. Deus leva a sério as nossas perspectivas e estudos. Evangelizar é muito mais efetivo quando demonstramos ao outro o que Deus fez em nosso viver e como enxergamos a vida a partir de agora. As pessoas querem saber o porquê de a nossa vida fazer sentido. Contar experiências dos outros pode impressionar, mas, quando demonstramos as nossas, as pessoas percebem que também podem experimentar e conhecer a Deus por si mesmas.

A redenção da universidade precisa de um coração totalmente entregue a Deus, na plenitude do chamado pessoal e específico. Que mergulha com ousadia nas profundezas dos corações e ideias contrárias, expondo suas limitações e consequências para resgatá-los, direcionando a Jesus vidas e dons que antes eram usados para o erro. Que cria uma cultura que glorifica a Deus até por aqueles que não o conhecem, por verem as bênçãos dos que caminham sob a verdade. Que descobriram que obediência e santidade são alegria e paz no Espírito. A redenção da universidade inicia quando descobrimos o Deus que se preocupa com a universidade do nosso chamado; tem seu início em corações que não se satisfazem com nada menos do que glorificar a Deus em todas as coisas.

ORAÇÃO

Senhor Jesus, graças por levar a sério nossas dúvidas e questionamentos. Obrigado por ser a resposta que o nosso coração anseia. Que sempre possamos encontrar sombra debaixo de Tuas asas e que sejamos plenos da Tua graça. Que, em tudo o que fizermos, o Teu nome seja conhecido. Nosso coração quer encontrar a satisfação de ver o Teu sorriso. Queremos viver de forma a sentir-te todos os dias, e, ainda que não possamos sentir-te em algum momento, que a nossa fé permaneça inabalável pela confiança na promessa de que estarias conosco. Torna-nos humildes para que não causemos nossa própria destruição. Não queremos outro Deus que não seja Jesus, a quem enviaste. Por mais que haja dias em que nosso coração se rebele violentamente, purifica-o com o fogo santificador do Teu Espírito Santo. Que nossas vestes sempre sejam alvas e nunca falte óleo sobre nossa cabeça.

Ó Senhor, dá-nos as universidades! Que todos os povos vejam a verdade da Tua lei e se alegrem todos diante por Tua misericórdia. Que, onde o inferno abrir suas portas, o Céu estabeleça o Teu reino. Se o *Senhor é minha luz*,[80] que Tua luz brilhe poderosamente através de nós, no meio da escuridão onde muitos se perdem. Que os universitários declarem: "Senhor, para quem iremos? O senhor tem as palavras da vida eterna".[81]

Que possamos dar glória a Teu nome nas alturas, vivenciar Tua paz nesta Terra e, em gratidão, desfrutar do Teu favor, até que tu retornes. Em nome de Jesus, o único e verdadeiro Deus, amém.

---

80. Salmo 27:1, na Bíblia Vulgata é Dominus illuminatio mea, *o lema da Universidade de Oxford.*

81. João 6:68

GUIA DE ESTUDOS

Além dos livros que já citei no rodapé das páginas acima, segue abaixo um roteiro de temas que me ajudaram a encontrar respostas para as situações que enfrentei na universidade e com elas pude fortalecer minha fé. A ideia é não os sobrecarregar, pois com certeza haverá muitos livros do seu próprio curso para ler e você deverá priorizá-los.

A melhor forma de ler mais é se afastar das redes sociais. Uma técnica que me ajuda também foi criar uma espécie de "memória emocional" na qual eu leio brigando com os livros, confrontando os ensinos com outros autores, ou imaginando como ensinar esses assuntos na igreja, na faculdade, no parlamento, para pessoas de esquerda ou de direita, adaptando a linguagem para cada um desses ambientes. Comecei lendo o que me trazia mais satisfação e era mais simples, podendo ser até mesmo romances e ficções científicas. Quando seu cérebro já está mais acostumado, você mesmo vai percebendo que alguns autores vão citando outros e a curiosidade o leva ao próximo autor e assim sucessivamente. Seja no ônibus ou em qualquer outro lugar, sempre levo dois livros comigo para ler caso surja uma oportunidade. Depois de terminar algum livro, sempre fazia resenhas para concretizar o conteúdo, que são textos de quatro parágrafos resumindo as ideias principais do texto. Posso dizer que isso me ajudou a lembrar de muitas das frases que usei neste livro.

Começando pela *Teologia*, se não sabemos o que é a nossa fé cristã, seus fundamentos, não teremos um ponto de apoio para julgarmos outras ideias. Como as discussões na universidade são principalmente sobre interpretação bíblica ou da realidade, livros de Teologia Sistemática recomendados pelo seu pastor serão de grande utilidade. Recomendo também os livros:

GOLDSWORTHY, G. *Introdução à teologia bíblica*. São Paulo: Vida Nova, 2018.
FERREIRA, F. e MYATT, A. *Teologia sistemática*. São Paulo: Vida Nova, 2008
BERKHOF, L. *Princípios de interpretação bíblica*. São Paulo: Cultura Cristã, 2000.
MADUREIRA, J. *Inteligência humilhada*. São Paulo: Vida Nova, 2017

Após saber os rudimentos, para saber pensar em categorias apropriadas e saber dialogar com os outros em uma linguagem adequada, precisamos saber o básico de **Filosofia** e **Cosmovisão**.

SIRE, J. *Dando nome ao elefante*. São Paulo: Monergismo, 2012
SCHAEFFER, F. *Morte da razão*. São Paulo: ABU, 1974.

WALSH, B. J. *Visão transformadora*. São Paulo: Cultura Cristã, 2010.

KALSBEEK, L. *Contornos da filosofia cristã*. São Paulo: Cultura Cristã, 2015.

DOOYEWEERD, H. *No crepúsculo do pensamento ocidental*. São Paulo: Hagnos, 2010.

PEARCEY, N. *Verdade absoluta*. Rio de Janeiro: CPAD, 2006.

Quando alguns assuntos se tornarem específicos, como temas de questionamentos que afrontam a nossa fé, precisamos estar preparados para responder a cada um acerca da esperança que temos. Especialmente quanto a temas como evolução, ateísmo, fé e ciência, cosmologia, a **Apologética** supre bem esse papel.

LEWIS. C. S. *Cristianismo puro e simples*. São Paulo: WMF Martins Fontes, 2009.

CRAIG, W. L. *Apologética para questões difíceis da vida*. São Paulo: Vida Nova, 2010.

_____. *Em Guarda*. São Paulo: Vida Nova, 2011.

LENNOX, J. *Por que a ciência não consegue enterrar Deus*. São Paulo: Mundo Cristão, 2016

GEISLER, N. *Não tenho fé suficiente para ser ateu*. São Paulo: Vida, 2006.

ZACHARIAS, R. *A morte da razão. Uma resposta aos neoateus*. São Paulo: Vida, 2011.

MANGALWADI, V. *O livro que fez o seu mundo*. São Paulo: Vida, 2012.

NASCIMENTO, V. *O cristão e a universidade*. Rio de Janeiro: CPAD, 2017

Porém, não podemos viver só nos áridos terrenos do conhecimento, precisamos irrigar o conhecimento com a água do relacionamento pessoal com Jesus. Livros sobre **Espiritualidade** que ajudam a desenvolver a oração e o jejum são tão relevantes quanto os que mantêm nossa racionalidade afiada.

BOYER, O. *Heróis da fé*. Rio de Janeiro: CPAD, 1996.
SUBIRÁ, L. *O agir invisível de Deus*. Curitiba: Orvalho, 1999.
RAVENHILL, L. *Por que tarda o pleno avivamento?* Curitiba: Betânia, 1959.
BONHOEFFER, D. *Discipulado*. São Paulo: Mundo Cristão, 2016
EDWARDS, J. *Caridade e seus frutos: um estudo sobre o amor em 1 Coríntios 13*. São José dos Campos: Fiel, 2015.
BUNYAN, J. *O peregrino*. Curitiba: Publicações Pão Diário, 2018.
BARROS, N.S. et al. *Intencionais: 365 ideias para virar o mundo de cabeça para baixo*. Curitiba: Publicações Pão Diário, 2019.

Recomendo ter noções sobre **Política**, principalmente por causa da crescente polarização e sobre **Sexualidade** (Gênero, Queer, Transumanismo etc.).

KOYZIS, D. *Visões e ilusões políticas*. São Paulo: Vida Nova, 2014.
DULCI, P. P. *Fé cristã e ação política*, Viçosa: Ultimato, 2018.

GOUDZWAARD, B. *Capitalismo e progresso: um diagnóstico da sociedade ocidental.* Viçosa: Ultimato, 2019.
RUSHDOONY, R. *A política da pornografia.* Brasília: Monergismo, 2018.
CAMPAGNOLO. A. C. *Feminismo: perversão e subversão.* Campinas: Vide, 2019.

Também é digno conhecer **Literatura Brasileira** e **Estrangeira**. Crônicas policiais, dramas, suspenses, biografias, romances que com certeza aumentarão o nível intelectual e cultural. Os Clássicos são sempre as melhores opções.

CESAREIA, B. *Carta aos jovens sobre a utilidade da literatura pagã.* Campinas: Ecclesiae, 2012.
ASSIS, M. *Dom Casmurro.* São Paulo: Scipione, 2004.
BARRETO, L. *Triste fim de Policarpo Quaresma.* São Paulo: Penguin, 2011.
ALENCAR, J. *Iracema.* São Paulo: Panda Books, 2015.
TOLKIEN, J. R.R. *O senhor dos aneis.* HarperCollins, 2019.
DOSTOIÉVSKI, F. *Os irmãos Karamázov.* Sumaré: Martin Claret, 2013
ASIMOV, I. *Eu, robô.* São Paulo: Aleph, 2014.

Conheça meu canal *Apológika* nas redes sociais, com mais resenhas de diversos livros em texto ou vídeos.